U0918612

涵泳经典丛书

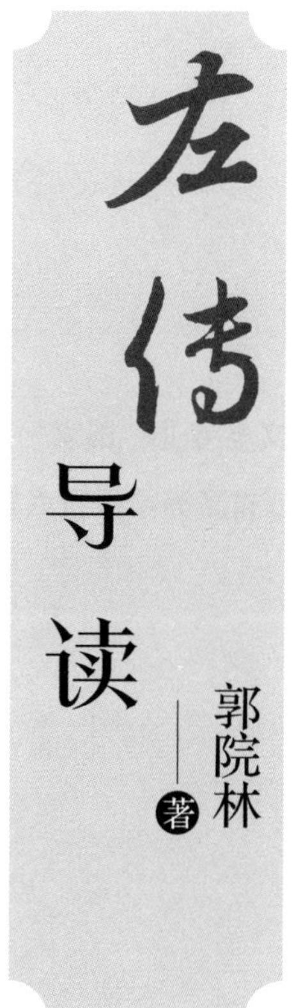

东方出版中心

扬州大学汉语言文学专业　国家一流专业建设点阶段性成果

2019年江苏省高等学校重点教材立项建设项目

总序

面对人类命运共同体的宏大构思和伟大实践，中国高等教育如何响应、调整、改革、创新，汉语言文学专业建设如何适应时代发展需求？如何打造一流专业服务国家发展战略？

毋庸置疑，在传统视域下，汉语言文学专业在培育人文情怀、提升国民素质、塑造民族精神方面发挥了重大作用。今天，这样的作用依然重要，但时代赋予了本专业更迫切、更艰巨的使命。讲好中国故事，如何讲？讲什么？谁来讲？如何让“一带一路”沿线国家认同我们，接纳我们，“两情相悦”地合作共赢？需要理念、文化推介而培植民间基础，这一“以文化人”的工程谁来承担？构建人类命运共同体的核心理念无疑是和而不同、文明互鉴、多元包容，这些蕴藏在中国传统文化中的精髓，谁来挖掘、传播？汉语言文学专业具有得天独厚的优势和义不容辞的责任，汉语言文学专业人才无疑是实现中国梦、构建人类命运共同体的主力军。

古今中外，思考、设计民族前进的方向，不外乎在传统和域外之间，结合现实整合调融，进而谱写民族发展蓝图。春秋时期的孔子是这样，清朝后期的康有为也是这样；日本的明治维新如此，欧洲的启蒙运动亦是如此。这种状况启发我们尝试在域外和传统之间探寻汉语言文学专业的教学内容和教学方法，在人类命运共同体视域下思考和设计汉语言文学专业的建设路径和改革举措。

1961 年，大卫·丹比毕业于哥伦比亚大学。30 年后的 1991 年，他成为一个《纽约》杂志的影评人，两个孩子的父亲，过着中产阶级舒适的生活。但在岁月流逝、世事喧嚣中，他似乎感到自己的人生迷失了方向。他在“摇晃”和“厌恶”中不断加深怀旧、遗憾、愤怒，甚至绝望的情绪。万般无奈下，他以自我救赎的方式，重回哥大，用整整一年的时间重修当初的文学人文、当代文明课程，研读荷马、柏拉图、亚里士多德、但丁、薄伽丘、康德、莎士比亚、黑格尔、尼采、康拉德、伍尔夫等西方经典名著。这些作品最直接地触及“人是什么，又应该是什么?”以及人“应该如何在文明社会中生活”这些最重大的主题。大卫·丹比将这一年的教学情景和自己重读的乐趣及发现写成了《伟大的书》。这本书成为《纽约时报书评》1996 年令人瞩目的书，列为中西方高校必读书目。大卫·丹比在与这些经典“历险”时，他那失落的自我一点一点地苏醒过来，在扩大自我、伸展自己时，启发人们从庸俗中解放出来去感受美好和高贵，去倾听那些静谧的、永恒的声音，去孕育一种人所必需的性格的稳固性和明澈性。

2017 年春，《扬州大学文学院史料汇编》面世。通览此书，文学院汉语言文学专业的发展历程与“三教”密切关联。建校伊始，中文系即以“三教”制定规章，组织教学，逐步形成了“教学实践中坚持夯实基础”“教材建设中坚持自己动手”“教师培养中坚持思想引导、能力提升”的以“三教”为主轴的具有独创性的教学体系。“三教”教学体系的建立，使得中文系教学质量不断提高，一大批杰出校友茁壮成长，蜚声海外。如长江学者，国家名师，诗词学专家，楚辞学专家，戏曲学专家，国家重大招标项目、教育部重大攻关项目主持人，全国统编语文教材的主编等。如当代著名作家、著名批评家，鲁迅文学奖、茅盾文学奖获得者，卢卡·帕西奥利奖获得者（与德国著名哲学家哈贝马斯齐名获奖）。如世界美学学会主席，中国现代文学研究会会长，中华美学学会会长，中外文论研究会会长等。所有这一切，都无法割断与“三教”的紧密关联。重视“三教”，是历史提供给未来的最成功的教学经验。

综上，两个案例生动昭示了“经典”在人性伸展、人生成长中的价值和意义，“三教”在人才培养、专业建设中的地位和作用。

新世纪以来，汉语言文学专业求新求变的呼声越来越高，保守滞后的质疑越来越大，紧跟时代步伐、适应社会需求的期待越来越强。伴随着中国发展的“块头”越来越大，“一带一路”朋友圈越来越多，中国文化的影响必将日益扩大，地位必将不断提高。由此，汉语言文学专业人才培养目标、素质能力必将作出新的呼应和调整。

未来，汉语言文学专业建设路径何在？抓手在哪？人才培养离不开课程，课程内容必须由教材承载，课程、教材必须通过教师开发、讲授、活化、创新。教师、教材、教学，三位一体，相辅相成，相得益彰。毋庸置疑，汉语言文学专业建设必须以教师、教材、教学之“三教”为抓手。

未来，“三教”落在何处？指向何方？古今中外教育实践证明：经典对人的价值观、世界观、人生观有着不可替代的巨大作用；当前，“国学热”、“读经热”方兴未艾，经典诵读、经典节目如火如荼，生动诠释了社会、学校、公民前所未有的经典需求、经典呼唤；近几十年的专业教学改革没有找到一个能够将人才培养方案、课程结构体系有效统合建构的支点，唯有经典文本不仅可以将此啮合一起，还能将教师、教材、教学之“三教”聚焦对接。毫无疑问，未来汉语言文学专业建设需要以经典为中心。

未来，培养模式更加多元开放。在人类命运共同体视野下，“经典”与“三教”的激荡聚合，催生经典文本导读和开放式的问题引导，注意吸取海外汉学研究的先进成果，如《剑桥中国文学史》的叙述方式，《哥伦比亚中国文学史》的一些议题，有助于启发学生在跨文化语境中关注不同文明史、文学史的发展概况，激发学生自主思考世界文学、文化中有关生态、疾病、爱情、战争、死亡等作品的叙事风格，有助于拓展专业人才知识结构的深度和广度，建构多元包容的人文情怀。

由此，我们在江苏省品牌专业和国家一流专业建设过程中，确立“以经典为中心，以三教为抓手”的专业建设路径，动员教学一线骨干教师围绕经典文本申报教材建设项目，组织专家对申报项目认真论证评审，陆续出版“以经典为中心，以三教为抓手”的“涵泳经典丛书”。

涵泳，即多读、细读，精思、深思。《辞源》云“深入体会”，《辞海》曰“沉浸”。即在经典的咀嚼、磋磨、追问中，体会作品的气势神韵、旨趣精髓。“涵泳”一词，早在左思《吴都赋》中已有“涵泳乎其中”的应用，陆九渊《读书》诗中有“读书切戒在荒忙，涵泳工夫兴味长”，程颐《论学篇》中有“入德必自敬始，故容貌必恭也，言语必谨也。虽然，优游涵泳而养之可也，拘迫则不能入也”。在漫长的历史长河中，“涵泳”一词，或为文论术语，即指文学艺术鉴赏的一种态度或方法，对文学艺术作品的鉴赏应该沉潜其中，反复玩味，以获言外之意，象外之旨。或为读书方法，强调读书的状态和心境。朱熹云：“学者读书，须要致身正坐，缓视微吟，虚心涵泳，切己省察。”曾国藩《谕纪泽》说得更加形象：“涵泳者如春雨之润花，如清渠之溉稻……泳者，如鱼之游水，如人之濯足……善读书者，须视书，而视此心如花、如稻、如鱼、如濯足，庶可得之于意之表。”其将读书时的心境状态比喻为春雨润花，清水溉稻，鱼游水中，溪流濯足，即在一种自然本真的状态下，虚静澄澈地沉浸在浩瀚墨海里涵泳兴味，澄怀味象，方能知其意、得其趣、悟其神。借此，我们将此套丛书命名为“涵泳经典丛书”。期待广大师生在涵泳经典过程中，圆照体悟，宁静致远，拓展情怀，净化心灵，提升境界。

丛书的出版，凝聚了广大师生积极探索中西经典文本资源向优质教育资源转化与开发的热切期待，激荡着社会发展呼唤经典文本价值与人格养成、人性伸展共振嬗变、互动绵延的时代强音，蕴含了对出版社领导及编辑付出辛勤劳动的真挚谢忱。

柳　宏　王定勇

2020 年 3 月于瘦西湖畔

内容简介

《左传》为经学之大宗，鸿篇巨制，首屈一指。如无《左传》，《春秋》之学如射覆，古史研究如蒙瞽。无论是经是史，抑或兼经兼史，《左传》蕴含着丰富的思想、文化、谋略、语言、文学、社会材料，深深影响着我国的文史传统和民族性格。但是，由于《左传》为编年体结构，同一事件往往被强行割裂、分布于不同时段，导致事件脉络不清或经传不对应，非专门研究难理其头绪。郑玄评议《左传》长于礼，但时空遥隔，朝盟会聘等礼制内容烦琐，非一般人所能理解。既有的《左传》教材或仅作粗略介绍，或仅选择战争片段进行导读，导致青年学生对其内容丰富性以及历史事件的来龙去脉缺乏了解，望而生畏。

有鉴于此，本教材立足于将事件讲清楚的原则，以高士奇《左传纪事本末》为蓝本，在此基础上选择、删减，依据内容主题而不是沿袭编年体结构编写，深入研究《左传》中的儒家思想、礼制体现、兵家计谋、外交辞令、文学特色等。为了争取展现《左传》内容的丰富性，避免枯燥的介绍与空头讲解，本教材采取原典导读的方式，每个主题选择5—6篇原典进行导读，对《左传》中具有代表性的篇目进行讲解、分析，力求每个主题讲清来龙去脉、前因后果。首先交代选文内容背景，然后是原文、内容简介、事件评述，并对其研究现状、热点、学术前沿以及不足进行介绍，从经学学习角度揭示其中的礼制与微言大义，指出该书长期以来对中华民族凝聚力的影响。本教材通过个案讲解，旨在培养青年学生提高研究能力，理解古代社会运行机制与经学的关系，对于拓展学生的历史文化知识、提高文学批评和文学鉴赏的实践能力具有重要意义。

专题一“诸侯争霸与秩序重建”介绍了《左传》的历史大背景，有助于读者理解当时社会秩序变动与重建情况。齐桓公在管仲的辅佐下，九合诸侯，尊王攘夷，维护了中原各国的利益，赢得了诸侯们的亲附，成为春秋时期的首霸。之后，晋国公子重耳出亡多年，归国后不计前嫌，重用贤才，抵制北上的楚军，为晋国长期称霸奠定了基础。无论是谁称霸，不仅有绝对的武力，也有深得人心的理念，体现了《左传》作者浓厚的儒家观念，不仅尊尊亲亲，还有以民为本、爱国爱民等思想。专题二“宫廷篡逆与名分斗争”选取各诸侯国内部夺嫡争斗的片段，分析当时的宗法名分制度及其分崩瓦解的表现。依据宗法制度的嫡庶、长幼、亲疏关系，各诸侯国确立了贵族阶层的尊卑、大小、上下等级，并以此形成奴隶主的伦理规则和行为准则。《左传》体现了宗法制度和诸侯国之间的交往规则。然而又因权力腐败与力量削弱，固有制度受到了挑战。无论是周王朝，还是诸侯国，都出现了权力之争与篡逆事件，传统观念与制度受到挑战，并逐渐发生改变。专题三“兵家权谋与策士智慧”侧重分析战争。《左传》被称为“相斫书”，客观反映了当时战争频仍的历史现实。《左传》描写战争重在战前规划，于战争场面则略叙，影响了后世的谋略描写，对我国思想界与文学界影响深远。齐晋鞌之战，秦晋殽之战，晋楚城濮之战、邲之战、鄢陵之战，不仅有背景分析与计谋的展示，也有瞬间万变的机缘巧合。专题四“贤哲处世与道义担当”选取了当时部分贤者来表现他们出处行藏的人生智慧以及其中的游士形象、记言特点。晏子坚持原则，不为乱臣要挟，善于建言，推动其国民生建设。子产不毁乡校，孔子夹谷会盟，都是大智大勇的表现。专题五“外交辞令与预言灾异”从外交行人的角度看辞令智慧，既有弱小国家面对侵凌冷静应对，也有谋士身为俘虏却不为所屈；既有梦占与灾异现象，也有政治觉悟预测未来发展，一方面为后世科学研究提供了原始资料，另一方面也为后世方术与民俗研究提供了案例，对于了解当时人的生活与思想有一定的参考价值。结语:《〈左传〉对后世的影响》纵向把握我国历代古文“复古以为革新”的特点，重点理解《左传》亦经亦史、古今之争的学术简史，认识其不同时代的社会影响与功能，理解其中体现的人本精神及其对后世的启示。

导读

经学是我国古典学的大本营，在封建社会具有重要地位，历经两千多年的发展、嬗变，不仅影响了国人的思维方式与学术方法，也影响了治国理政与日常生活。且不论最初有典籍意义的经典如何铸造中华文化规范，从秦汉设立博士以备顾问就可以看出其对于国计民生的影响，更不用说后来以《诗经》进谏、以《春秋》断狱、以《孝经》《论语》治国、以经学取士、以经明行修作为人生目标、以五伦规范社会，可以说，经学思想与意识在中国历史中无处不在。

民国以降，经学日渐式微，西方现代学科概念引入后，经学被裂变为各学科的历史资料，成为古代文字、音韵、训诂以及历史、文学研究的材料。改革开放尤其是20世纪90年代以来，人们开始重新检视经典的内容，研判经典的现代意义，力求弘扬民族文化，因此各种经典文献的整理和研究工作已经取得丰硕的成果。

党的十八大以来，围绕传承和弘扬中华优秀传统文化，习近平总书记发表了一系列重要论述。在2013年全国宣传思想工作会议上，习近平总书记特别强调“要讲清楚每个国家和民族的历史传统、文化积淀、基本国情不同，其发展道路必然有着自己的特色；讲清楚中华文化积淀着中华民族最深沉的精神追求，是中华民族生生不息、发展壮大的丰厚滋养；讲清楚中华优秀传统文化是中华民族的突出优势，是我们最深厚的文化软实力；讲清楚中国特色社会主义植根于中华文化沃土、反映中国人民意愿、适应中国和时代发展进步要求，有着深厚历史渊源和广泛现实基础”，“推动中华优秀传统文化创造性转化、创新性发展，不断提高人民思想觉悟、道德水平、文明素养，不断铸就中华文化新辉煌”。

古代文献在我国古代生活中发挥着特别重要的作用，其最高表现是特定文献的组合，即儒家经典。这些经典不仅是当时人们行为目标的权威说明，也是国家活动合理性和国家权力合法性来源的终极依据。当下中国经济实力增强，但文化实力有待提升，文化自信有待建立，而经学作为中国最具特色与持续时间最长的学术类别，具有独特的话语形式，对此进行研究，可推动我国话语体系建设。《左传》作为大经，不仅历史内容丰富，而且义理影响深远，对于维系中华民族认同具有重要意义。当下世界风云诡谲，就如何加强我国的国际话语权与中国思想价值在世界的贡献，以及如何运用经学资源解析世界困局，《左传》研究或许是思路之一。

一、中国经学发展及其消解

我们首先谈谈中国学术研究里的经学思维。

首先，我们看一下兴象思维，《诗经·关雎》开篇即用了这种思维方法。所谓兴象思维也就是注重意象的传统性和习惯性。我们经常用过去经验形成的意象、词语进行创作，这些兴象对我们扩充意义以及便于表达起到了很大的作用。这种兴象思维最初是原初民的便捷工具，可是也让我们形成一种惰性，所以很多熟语也就在我们的语言中出现。随着大家认可并沉浸兴象思维之中，经学思维也逐渐形成。

谈经学思维，首先我们要问：何为经？我们常说“经天纬地”之才，“经世济民”“天经地义”等。在古人心目中，经就是恒久不变、天经地义，就是真理，就是不言而喻的。经学的范围，由最初的五经，到唐九经，到宋十三经，分别是:《诗经》《尚书》《周易》《周礼》《仪礼》《礼记》《左传》《穀梁传》《公羊传》《论语》《孟子》《尔雅》《孝经》。《尔雅》是用来解读经书的，它起到梯航或津渡的工具作用。而《论语》《孟子》等则是“以子作经”。中国传统的学术分为经、史、子、集，以子作经，是对子部格调的提升，最高为经。清代段玉裁提出了“二十一经”说，即在十三经的基础上引入《史记》《汉书》等八部书，把以往的“经”概念扩大化，同时模糊了对经的界定。

经学形成于汉代，但在春秋之前，就已有经的名目。“经”本义指织布的纵线，后来指形制较大的简牍书籍，《墨子》《庄子》都提到过经。孔子并非经学的开创人，他是“述而不作”，在他之前就已经有经。此前有所谓的“王官之学”，即一学必有官，学在官府，如太史掌故。而孔子将官学发展为私学。孔子把以往的官学作为课本，另外又有自己的讲义，如《仪礼》就是关于伦理、体育方面的内容。《诗经》就是当时的歌辞，而《春秋》就是当时的近代史；《尚书》是关于国家政策、制度的书；《易经》则是哲学著作。孔子的时代，各种学术是相互杂糅的，孔门理念在荀子这一派发扬为法学之道，而颜回这一派融入了老子哲学，子思、孟子这一派就发展为宋理学。可见，经学包含的内容是相当丰富的。

经学发展到秦朝时，开始设博士，如伏生就是秦博士，是朝廷用来备用顾问的，相当于顾问团或者是智囊团之类的。他们地位不高，有时还会提质问、建议，令秦始皇大为不悦，于是就有了“焚书坑儒”。但这些“儒”并不全都是儒生，也有很多术士。这一事件对中国文化造成沉重的打击。秦虽然焚书，但官方仍然保存了诸多的古典文献，它只是不允许在民间流传。民间可以流传的书只有医学书、历法书、占卜书、《易经》等，其他所有书统归官方。后来，项羽火烧阿房宫，更多的典籍惨遭毁灭，再也无法找回，其影响比秦始皇有过之而无不及。在秦末农民战争中，儒生们首先要考虑的是如何才能使自己和自己的儒学观点生存下来。而到汉初，又以黄老思想治国，到后来才算有儒学的抬头之势。这期间经历了曲折的斗争过程。当时的叔孙通向汉高祖刘邦进言，说儒学在乱世难有作为，但在治世可大展宏图。他带着儒生演习周礼，给刘邦表演，让刘邦体会到当皇帝时那种山呼万岁、万人之上的良好感觉。从此，儒学就开始有在社会上出头露面的势头。但此时的儒家思想还远远没有作为治国思想而存在。

后来，汉武帝外施仁义而内多欲。他要巩固皇帝的绝对权威，加强中央集权，而儒家的作用在这一时期就体现出来了。这得益于董仲舒和公孙弘，这两人都是以布衣起家，公孙弘凭借满腹儒家经典，骤然间官至卿相，这对当时的社会各阶层产生了巨大的影响，大家都拼了命地读儒家经典。另外，董仲舒又从理论上把儒家思想与汉武帝加强中央集权相结合，这就是《天人三策》，形成了"天人感应"学说。

经学有家法、师法之说。不论是古文经学还是今文经学都注重这一点。景帝时的十四博士关于经学的研究就属于师法。师法讲究思想性，学生严格地遵循老师的研究方法和成果。后来这些博士对于经学形成了自己的观点，即"一家之言"。先有师法，后有家法，家法注重继承性。到了这时，汉武帝"罢黜百家，独尊儒术"导致中国思想开始走上崇古而薄今的路子。例如《关雎》中的"关关雎鸠，在河之洲"，在经学家们眼中就是"后妃之德"。这与我们所理解的诗本义相偏离，这也是说诗者与作诗者不同的反映。

另外，董仲舒以《春秋》断狱，运用兴象思维，运用历史成例，照此而行，以经学断案。汉代王式"以《诗三百》当谏书"。诗本来是文学作品，这里却把它作为政论的谏书，进而形成一种把经学作为利禄之途的风气并加以推广。后来，古、今文经学之间相互斗争以取得统治者赏识也与之相关。因此，古、今文经学各派为了保证各自队伍的纯正性，不允许其他各派的思想渗入。在汉代经学各派中，有章句派，讲究句读之法，对某一章、某一句进行考证、训诂等。后来到了南朝，玄学兴盛，它借助经学材料，并取得突破，形成义疏学。我们知道，中国经训是这样排布的：经—传—笺—注—正义等。而义疏的出现，使得经学又得以延伸，如皇侃的《论语义疏》。义疏学就是根据自己对经学的理解，写出其大意，并作阐释。这标志着经学思想的一次解放。

后来唐代又有《五经正义》等。当时遵循一个原则，就是“疏不破注”，无论如何，都是坚持“注”的正确性，即使“注”错了，也要“曲护”，即委婉地作补注、解释。因此，经学思维的特点之一，就是崇古，言必上三代。中国的经学表面看来似乎不变，其实细微的变化时常发生，如《大学》中说“大学之道，在明明德，在亲民，在止于至善”，康有为将“亲民”解释为“新民”，即开启民智。朱熹曾为“四书”重新划段、重新编订。唐末赵匡等人抛开以前的研究成果，“直言本经”，激活了有关义理内容的讨论，但却丢弃了以往注疏的传承。到宋代，宋人好议论，纷纷各执一词，使经学义理研究盛极一时。但元灭宋后，随之而衰。明朝王阳明等人又提出“心学”，完全以个人意志而断万物。于是，大家又畅所欲言，纯凭心意没有标准的议论，导致学术混乱。后来，清代形成考据学派，即顾炎武、黄宗羲、王夫之等人，提倡“经世致用”，学经学要为现实服务。清中期，随着《四库全书》的编纂，大批学者被笼络进来，包括汉学和宋学两家，如戴震与姚鼐。戴震属于汉学家，而姚鼐属于宋学家。戴震没有考取功名，但长于考据，受到当时历史学家钱大昕的赏识。钱大昕的学识、人品均为一流，他亲自为戴震延誉，戴震才得以进入王安国家里教授王念孙。后来王念孙与他儿子王引之成为清朝经学的顶级人物。

但我们不能认为考据学只是皓首穷经的考据，我们也不能认为清朝有这样的考据学是因为清政府的高压文化政策将知识分子推向考据学。当时有一位学者叫阎若璩，他专门从事《尚书》考证，得出的结论是《尚书》是假的。这有什么意义呢？以往被视为经典的东西开始受到怀疑，从此，经学的地位在不知不觉中开始动摇了，学者开始认识到很多经典已经不可靠了，就在清朝中期的“康乾盛世”时期出现了这么一种情形。

后来，清人认为，经学的问题，不是出在经典本身，而是由于唐宋时期注经的人不认真遵循汉魏古注而导致的。于是，就出现了清人注十三经。他们采取追溯原始意思的办法，认为这样就能接近历史真实。这里面又涉及思维方式的问题，中国人历来认为“经”就是“天经地义”，是圣人注解并流传下来的。圣人的经、文本，是包含了一切真理的。这也是清人注经的前提。清人也认为“经”是放之四海而皆准的，之所以存在不对，是因为没有接近或认知到经的正确的训诂意义。无论如何解经、注经，经学之道是不会变的，真理就在“经”中。

但时代在变，前人研究、创作而来的经，本来也是应该变化发展的，但我们中国人却把它当作一种一成不变的、真理性的东西来看待。我们的先人把本应该求真的经学以溯源而掩盖，以溯源取代求真。他们认为找到圣人最初的训体意义，就是符合真理的解释。

中国的经学是综合性的学科，包括语言学、文字学、制度典章、伦理、哲学、文学、历史、法律学等。随着西学东渐的发展、近代学科的引入，民族文化自信逐渐丧失。虽然当时强调“中学为体，西学为用”“中体西用”，但甲午战争后，一切都变了，一切都开始效仿西方，并对以往的经学进行批判。1923 年，教育改革，白话文开始普及，西方学科的推广，加之经学被视为“封建糟粕”，在相当长的时期内，中国大陆地区对经学无人问津。但在中国台湾地区、中国香港地区及海外华人当中，经学仍在延续。

中国经学的出路在哪里？周予同曾对经学历史作过叙述，他认为经学就好像僵尸，虽死却会拉文化的后腿。由此可见，中国传统经学已经完全被抛弃。可随着中国经济实力的上升，国门开放，在与外国人交流的过程中，外国人也需要学习中国的传统文化以了解中国人的思维方式。虽然我们的经学学术已经落后了几十年，但我们的经学思维还在。

我们的文化自信心并没有完全失去，而是在逐渐恢复。读经活动已经开始，在各大城市还有“诵读工程”，提倡读经。回到文化的起点，是为了更好地出发。经学本身就是一门综合学科，因此有些学校实行传统教育，探索新的人才培养模式，以提高学生的全面素质，像北大有元培班，南大有文强班。如果大家要了解经学史，皮锡瑞的《经学历史》、刘师培的《经学教科书》、马宗霍的《经学历史》可供参考。

二、《左传》学简史

《左传》起自鲁隐公元年（前722），迄于鲁哀公二十七年（前468），书末附悼公四年及智伯灭亡；以《春秋》为本，通过记述春秋时期的具体史实来说明《春秋》的纲目，纪事详赡，是儒家重要经典之一。《春秋》名一书二，前史后经，“史出鲁臣所录，经为孔子所修”。孔子所据史记，历史事件的记录是其主要内容，孔子不以空言说经。[①] 古“春秋”既是度量国君行止的昭礼之书，那么有关君主行事记录，范围必定包括了礼文之况、当时各国政治及社会情势。《春秋》既然是据于行事而作，亦即借着史事见得名分之正，若不明行事之来龙去脉，空以义理说经，则遗人空言之讥，不见行事本末，又何以明其名分之所以正？所以孔子道名分不能没有行事根据，《春秋》经文行事之文不足，而《左传》说明行事，是可以见圣人笔削之旨。左丘明因孔子史记，具论其语，成《左氏春秋》。但是《春秋》自有其要旨。《左传》一方面承自鲁史，具有史的特性；另一方面《左传》目的在于阐述《春秋》经文大义，亦即《左传》为解经而作。[②]

司马迁认为：“七十子之徒口受其传指，为有所刺讥褒讳挹损之文辞不可以书见也。鲁君子左丘明惧弟子人人异端，各安其意，失其真，

---

① 刘师培：《春秋左氏传古历诠微》，载《刘申叔遗书》，江苏古籍出版社，1997年版，第389页。
② 同上书，第390页。

故因孔子史记具论其语，成《左氏春秋》。”（《史记·十二诸侯年表序》）今人根据《左传》中预言事件实现与否的时间推测，《左传》成书大致在公元前375年至公元前343年之间。《左传》在战国时期已开始流传，除《荀子》外，《战国策》《吕氏春秋》《韩非子》等对《左传》也有不同程度的引用。

秦朝焚书之后，经学湮灭，今文经在秦末汉初比较快地兴起，恰在于“时师傅传读而已”①，也就是说今文经凭着口耳相传、师传清晰从而得以不断流传。《左传》在汉初不彰，“及鲁恭王坏孔子宅，欲以为官，而得古文于坏壁之中，《逸礼》有三十九篇，《书》十六篇。天汉之后，孔安国献之，遭巫蛊仓卒之难，未及施行。及《春秋》左氏丘明所修，皆古文旧书，多者二十余通，藏于秘府，伏而未发”②。也就是说，《左传》是在湮灭多年后被突然发现的，与当时流行的今文隶书所写的传世经书相比，它属于古文系统，发掘出来后只是藏于秘府。

直到汉成帝时，成帝广求遗书于天下，诏刘向父子雠校篇籍，因刘歆极力推崇，《左传》才引起学界关注。③关于先秦及汉初《左传》学史，唐代孔颖达引刘向《七略别录》云：“左丘明授曾申，申授吴起，起授其子期，期授楚人铎椒。铎椒作《抄撮》八卷，授虞卿；虞卿作《抄撮》九卷，授荀卿；荀卿授张苍。”④按照这个记载，汉代《左传》传承始于张苍。东汉许慎在《说文解字·序》中重复《汉书》关于古文经发现经过以及具体书目，同时提到张苍献古文《春秋左氏传》，并且出土的鼎彝铭文与《左传》相似。许慎师承汉代“注左”的重要人物贾逵，并与经学家马融交好，因而他对《左传》的传承脉络是有发言权的。他的叙述阐明《左传》作为古文经学之由来。可见张苍“献

① ［汉］班固撰、［唐］颜师古注：《汉书》，中华书局，1962年版，第1969页。
② 同上。
③ 同上书，第1701页。
④ ［晋］杜预注、［唐］孔颖达疏：《春秋左传正义》，《十三经注疏》本，北京大学出版社，1999年版，第2页。

书”对《左传》重现于世起到了重要作用，并且他开始利用出土金文验证《左传》。

《左传》学经历了从萌芽到兴起的发展过程，历经了几代传承者的努力，才最终发展成为专门之学。《汉书·儒林传》详细记载了西汉前期《左传》传承情况：“汉兴，北平侯张苍及梁大傅贾谊、京兆尹张敞、太中大夫刘公子皆修《春秋左氏传》。谊为《左氏传训故》，授赵人贯公，为河间献王博士，子长卿……授清河张禹长子，……（禹）授尹更始，更始传子咸及翟方进、胡常。常授黎阳贾护季君……授苍梧陈钦子佚，以《左氏》授王莽，至将军。而刘歆从尹咸及翟方进受，由是言《左氏》者本之贾护、刘歆。”[①]《释文序录》另外记载张苍传贾谊，谊传其孙贾嘉，嘉传贯公，贯公传其子长卿，长卿传张敞、张禹，形成了一个较为完整的传承谱系。

贾谊作《左氏传训诂》，早佚，但其再传弟子贯公（受业于贾谊之孙贾嘉）为河间献王博士，可推知其学说大致与贾谊一致。史载河间献王“修学好古，实事求是”。“好古”指“所得书皆古文先秦旧书”。依据颜师古注，“实事求是”的意思是“务得事实，每求真是也”。因为六国文字与当时汉隶有很大差别，所以需要对旧书“求真是”“留其正本”[②]。据此可以推测贾谊《左氏传训诂》在收集佚书与版本的基础上，只在小学层面研究《左传》。因《左传》多古字古言，传训诂是当时学者群体治学的路径。及至刘歆，“引传文以解经，转相发明，由是章句义理备焉”[③]。刘歆是最早对《左传》进行系统研究的学者，不仅明确《左传》与《春秋》的关系、首次改名《春秋左氏传》，而且更为重要的是“引传文以解经”，使《春秋》经与左氏传在学理上发生联系，在《公》《穀》之外另立《左传》一派。刘歆凭借“校秘书”而得以博览

① ［汉］班固撰、［唐］颜师古注：《汉书》，中华书局，1962年版，第3620页。
② 同上书，第2410页。
③ 同上书，第1967页。

群书，获得了丰富的研究素材，打破门户之见，融汇《公羊》《榖梁》二家的义理来解《左传》。史载“至向子歆治《左氏传》，其《春秋》意亦已乖矣”①，所谓“乖”就是与《公》《榖》背离的不同意见，这就将以《左传》学为代表的古文经学从今文经学的笼罩中分立出来，为东汉古文经学家的“注左”活动奠定了基础。刘歆是《左传》学发展史上的一位里程碑式的人物，《左传》学至此正式形成。

据姚振宗《后汉艺文志》考证，东汉时期治《左传》撰有专著的有：郑兴、许淑、贾徽、陈元、孔奇、郑众、贾逵、孔嘉、彭汪、延笃、刘陶、服虔、王玢、荀爽、郑玄、颍容、谢该、宋衷十八家。② 这一时期为《左传》作注成为古文学家热衷的事情，一方面，《左传》偏重叙事，需要经学家们从事例中阐发经义；另一方面，《左传》学方兴未艾，相较于早经过官方承认、历经百余年发展的《公》《榖》两家，《左传》在注释方面远未达到完备状态，存留下了更多的注解空间。同时，学者对《左传》条例与章句注意较多，已经从小学训诂层面上升到文本义理。

这一时期最值得注意的经学家是贾逵和服虔，他们是该时期《左传》学的代表性人物。二人的注释留存相对丰富，是研究《左传》汉注的基础性资料。贾逵，字景伯，扶风平陵人，其父贾徽师从刘歆，在父亲影响下，他“弱冠能诵《左氏传》及‘五经’本文”③，后来又研习过“毛诗”和古文《尚书》，接受了很多古文经的熏陶，因此他对史事名物的解释具有历史价值。同时，他兼通五家《榖梁》，这使得他对《春秋》义理极为熟悉。所有这些都为他的“注左”工作打下了基础，他撰写了《左氏条例》二十一篇和《春秋左氏传解诂》三十篇等著作。东汉章帝时期，贾逵奉命在云台等地讲授《左传》，并指出《左传》在

① ［汉］班固撰、［唐］颜师古注：《汉书》，中华书局，1962 年版，第 1317 页。
② 程元敏：《春秋左氏经传集解序疏证》，台湾学生书局，1991 年版，第 59 页。
③ ［南朝宋］范晔撰、［唐］李贤等注：《后汉书》，中华书局，1965 年版，第 1235 页。

经义方面优于其他两家之处，进一步将今文经学融入《左传》研究中，提升了《左传》的官方认同度。沈玉成、刘宁评价贾逵是“东汉《左传》学发展的一个标志”[1]。《后汉书》关于服虔“注左”活动的记述较为简略。服虔，字子慎，河南荥阳人，“以《左传》驳何休之所驳汉事六十条”[2]，与今文学家进行论争，并且形成了《春秋左氏传解谊》等著述。《世说新语》提到，和服虔同时代的东汉著名经学家郑玄见到服虔《左传》注后，把自己未完成的《左传》注全都送给了服虔。这至少说明，郑玄与服虔关于《左传》的许多观点是不谋而合的，体现了服虔的相关观点已得到当时大儒的认可。

除贾、服二人之外，东汉的郑兴、郑众父子，马融、郑玄、颖容等大儒也有一定的《左传》研究成果。郑兴曾跟随刘歆习《左传》，有《春秋难记条例》；郑众、马融师从隐儒挚恂，郑众有《左氏条例章句》，马融有《三传异同说》；郑玄师从张恭祖、马融，有《左氏膏肓》，自觉地融今文学于古文学之中；颖容师从杨赐，有《春秋左氏条例》。但贾、服二人的《左传》注无疑代表了东汉注“左”的较高水平，体现了《左传》学发展的一个重要阶段，他们二人的“注左”思想和特点体现了《左传》汉注的总体风貌。

三国至两晋时期，研究《春秋左传》的学者主要有王肃、杜预二人。晋代杜预成书《春秋左传集解》，在群经中，杜预尤好《左传》，自称有“《左传》癖”，著《春秋左氏经传集解》，是流传至今最早的《春秋左传》注本，收入《十三经注疏》。该书简要精当，深刻缜密，对《春秋》义理、《左传》之旨多有发明。除《集解》外，杜预尚有《春秋释例》《春秋长历》二书，均传世。发展到南北朝时期，《春秋左氏》学分成南北两大派，南宗杜预，北宗服虔。南北两派的治学风格有明显的不同，南学精细求新，北学务实保守。用《隋书·儒林传序》的

---

① 沈玉成、刘宁：《春秋左传学史稿》，江苏古籍出版社，1992 年版，第 120 页。
② ［南朝宋］范晔撰、［唐］李贤等注：《后汉书》，中华书局，1965 年版，第 2583 页。

话来说是“南人约简，得其英华；北学深芜，穷其枝叶”①。南朝研究《左传》的学者主要有谢庄、萧子懋、王俭、杜乾光、王延之、刘之遴、崔灵恩、沈宏、沈文阿、王元规、严植之、贺革、沈洙、陆庆等人。北朝研究《左传》的学者主要有刘兰、张吾贵、卫冀隆、苏宽、刘献之、徐遵明、张思伯、庾信、沈重、乐逊等人。这一时期对《左传》的研究侧重于书法条例的探求，总的来说成就不大。“杜注”在南方占据了主导地位，而“服注”则是盛行在北方，二者形成分庭抗礼的局面。

隋朝刘炫著《春秋左传述义》四十卷，这本主要尊崇“杜注”的注解专著是孔颖达编《春秋左氏传正义》的主要依据。作为唐代朝廷主持编订的官方理论书籍，《春秋左氏传正义》采用“杜注”，这就打破了两种注释之间的力量平衡。唐高宗时，《五经正义》成为官方指定的科举参考书，这就基本断绝了汉注的生存命脉。隋唐五代时期《春秋左传》的研究不是仅仅局限于《春秋》义理的解释，而是同时还涉及对前人注文的疏证，对《春秋》经、传的评价和《左传》名号的整理等。学者主要有刘焯、刘炫、孔颖达、刘知几、啖助、赵匡、陆淳、冯继先等，其中孔颖达的成就最高。

唐朝的赵匡最先怀疑《左传》不是左丘明所作。宋元明时期《春秋左传》的研究有所深化，总体特点不是在注疏上下功夫，而是对《春秋》的书法提出了种种不同的看法，在训诂方面往往借题发挥，托古喻今，代表人物主要有孙复、胡瑗、孙觉、刘敞、王安石、苏轼、胡安国、叶梦得、朱熹、吕祖谦、程公说、程端学、陆粲等人。叶梦得认为作者为战国时人；郑樵《六经奥论》认为是战国时的楚人；朱熹认为是楚左史倚相之后；项安世认为是魏人所作；程端学认为是伪书。宋元明时期废弃传注，专论书法，发明尊王之旨，荡弃家法。以《左传》

① ［唐］魏徵等：《隋书》卷七十五，中华书局，1973年版，第1708页。

为主者有苏辙、吕祖谦、程公说、吕大圭、赵汸、童品、傅逊、魏了翁、冯时可。

清代经学发展迎来了另一个高峰，也迎来了今古文经学之争的又一个高潮。清代儒学家中以乾嘉学派为代表的学人们对宋代以来一家独大的“杜注”尤为不满，因此尤重考据，耗费极多时间，对古代许多散佚的古书进行了考证。其中有许多关于《左传》汉注的辑佚著作，主要作品有惠栋的《春秋左传补注》、洪亮吉的《春秋左传诂》、沈钦韩的《春秋左氏传补注》、李贻德的《春秋左传贾服注辑述》、刘文淇等的《春秋左氏注旧注疏证》以及马国翰、黄奭等人辑佚的丛书中包含《左传》汉注的部分。古文经学家们用训诂方法校订，弥补文字上的疏漏之处，旁征博引，不仅还原了汉代《左传》注释的风貌，还在此基础上有所补充和发展，希望借此寻找支撑自己观点的证据，由汉注的发展来窥见汉代儒者对《左传》的接受轨迹，从而为辨明《左传》的真伪性提供一个新的角度，增加自己与今文学家们论争的底气和声势。与之相反，今文学家的代表如刘逢禄、康有为等人辨伪《左传》，在《左氏春秋考证》《新学伪经考》等书中对《左传》的合理性进行了强烈的质疑，认为《左传》是刘歆编造的伪书。可以说，今古文经学之间的论争又一次推动了《左传》学的发展。

沈钦韩曾归纳历史上《左传》有四次灾难：一是《公羊》《穀梁》立为博士之后，今文博士因为利禄声誉原因力排《左传》；二是杜预埋没《左传》义理，章句名物不显；三是孔颖达修正义，服氏之学亡；四是啖助、赵匡、陆质、刘敞等攻击《左传》。[①] 沈氏指出的第一次灾难只能算是《左传》学发展的受挫，因为真正的《左传》学只有到了刘歆才开始。沈氏囿于成见，将杜预、孔颖达等人的成绩一笔抹杀，此为固守古义之见。其实倒是杜预《集解》将《左传》发扬光大，孔颖达

① 沈钦韩：《春秋左氏传补注序》，《幼学堂文稿》卷六。

《正义》进一步树立《左传》的地位。对《左传》学造成威胁的就是沈氏所说的啖、赵学风，这只是一个开端，及至刘逢禄，《左传》才真正面临灾难，因为他不仅要将《左传》逐出“经”的范畴，而且怀疑它的正当性。

《左传》之争更深层次的意蕴则在于：《春秋》到底是一部史书，还是孔子为了实现其政治理想而撰写的一部政治哲学？倘若将《春秋》当作一部史书，那么《左传》的意义便非同一般，因为《春秋》中语焉不详的史事，正是依靠《左传》将其详细化、具体化的。但是，如果将《春秋》视为孔子的政治哲学，那么就应当重视《春秋》中的“微言大义”，也因此应当看重《公羊》《穀梁》，《左传》则只能退而求其次了。

今文经学将孔子视为一位以改制、救世为己任的政治家，称其为“素王”（无其位而贬天子，退诸侯，行天子之事，是谓素王）。古文经学则视孔子为一位史学家，并无权利行褒贬。因对孔子的定位有这样的不同，遂使今古两家围绕着这一定位表现出不同的学风：今文家眼中的“六经”，特别是《春秋》，是孔子实现其政治理想的蓝本而不是史书。今文家重“六经”中的微言大义，因此今文经学重义轻事，亦即轻史。这就使得今文经学中多“非常异议可怪之论”。古文家则信奉孔子在修订“六经”时遵循了“述而不作”的原则，“述而不作”在学术层面上是谓孔子尊重历史，对于史实不增减、不篡改，仅述之而已。据此，古文家重事，亦即重史。古文经学看重对“六经”中史实的考订，通过音韵训诂、典章制度的考据手段，古文家企图恢复的是本然的历史，缘此发展出了中国学术史上的考据一派。从政治的层面来看，“述而不作”又可以理解为对于以往的政治体制，承袭而不更改，仅述之而已。因此，“述而不作”在政治上往往表现出一种恪守祖训、泥古不化的保守倾向。

皮锡瑞这样评价《左氏》学者：“治《左氏》者，先观杜解、孔疏，再及李贻德《贾服辑述》，以参考古义，顾栋高《春秋大事表》以纵览事实，然亦只是《左氏》一家之学，于《春秋》之微言大义，无甚发明。”① 然而到了刘师培，就弥补了这一缺陷。刘师培在杜预之后欲为《左传》重建一套义例，在旧注中寻求不同于其他二传，又不同于杜预义例的崭新的《左传》义例。刘师培弥补了杜预的观点，认为周公的制礼作乐固为周初之盛事，然而制度之施行，有因时、地、事而损益的情况：

> 由周代之制亦前后不同，如武王所行之政，殊于文王之治岐，而周公所定之制，又殊于武王所开国之初。盖侯王之制，异于王畿，而守成之法，又异于开创，是犹西汉初年之制，异于孝武时代也。故西周末之制，又与周初不同。东周以降，更无论矣。②

这才真正是借复古为解放。刘师培继承家传古文经学的同时，又汲取了今文经学家关于家法义例的阐释，用以建构阐释《左传》的理论体系。

《左传》亦经亦史，文采斐然，不仅是我国优秀的基本经典之一，而且深深影响我国的文史传统文化，每次古文运动与历代文学评点都极其重视《左传》。《左传》也是我国第一部规模宏大并且内容翔实的史学著作，标志着我国古代史书的编纂步入了新的发展阶段。《左传》丰富的内容为后世提供了很多可以用来研究及参考的资料，春秋时期社会文化、习俗、思想在其中得到很好的反映。《左传》开创了史书编纂的优良传统，其中的仁义思想在后世得到充分的认可，并且不断地得到继承与发扬，贯穿了古与今。

《左传》在文学史上也具有很重要的意义。从单纯记录历史、注重

---

① 皮锡瑞：《经学通论》，中华书局，1954 年版，《春秋》部分第 80 页。
② 刘师培：《论孔子无改制之事》，载《刘申叔遗书》，江苏古籍出版社，1997 年版，第 1635 页。

历史的记载、重写谋略、敷衍故事到增加了更多生动形象的叙事，《左传》为后世不同文学体裁的发展提供了思路。《左传》也有史以来第一次以史书传记的形式展现了不同形象的历史人物，各种丰富的、各具特色的人物形象，为日后优秀文学、历史小说中不同人物形象的创造提供了重要的启示。另外，《左传》本身的语言简单大方，准确而生动形象。从细节的描写到场景背景的渲染铺垫，从修辞到句式，都拥有很高的文学成就，可以说是后世文学创作的标杆之作。

梁启超评价道："《左传》文章优美，其记事文对于极复杂之事项——如五大战役等，纲领提挈得极严谨而分明，情节叙述得极委曲而简洁，可谓极技术之能事。其记言文渊懿美茂，而生气勃勃，后此亦殆未有其比。又其文虽时代甚古，然无佶屈聱牙之病，颇易诵习。故专以学文为目的，《左传》亦应在精读之列也。"①

三、我们如何读经典

经典是经过岁月淘洗留下的精华，蕴含着古圣先贤的人生智慧与生命体验。今天，我们重温经典，回望历史，依旧能感受到字里行间流淌出的温情与厚重。植物要生长，须有深厚的根基，文化亦然。古今中外的文化繁荣莫不是由传统出发，比如唐宋时期的古文运动就是以复古为革新，欧洲的文艺复兴运动也是回到希腊的文化起点开始重新思考。

经典是大浪淘沙留下的，经过了时间的检验。个体在经典面前都是短暂的，值得我们细心体察，反复涵泳。经典不是工具性的知识，而是价值性的文化，如孔子所说："君子不器。"阅读经典的意义，在于安顿我们的灵魂，让孤独者不再孤独，让怯懦者不再怯懦，让悲伤者不再悲伤，让迷茫者不再迷茫。让我们眼睛更亮一些，能够打破个体生命的

---

① 梁启超：《梁启超全集》第十六卷，北京出版社，1999 年版，第 4652 页。

局限，看得更远，为自己寻找一条正确的人生道路。

经典常新不是放任臆说。“经”意为常，但不同时代的不同注释者都在附加自己的意见，有狗尾续貂者，有依草附木者，当然也有高明先发者。然而，透过历代纷纭复杂的注释，可以看到一条隐约的线索，那就是“经”在变动的轨迹。

解释经典，“我注六经”者有之，“六经注我”者有之。“我注六经”是试图回归经典产生的语境，故而阅读经典首要在于“小学”功夫，文字、音韵、训诂不懂，经典如何入门？所以清代学者段玉裁注释《说文解字》。清人皓首不为穷经，而为“小学”，其目的是为澄清经典在当时（汉代）的意义。按照清人的方式去阅读经典，经典又变得支离破碎，只见树木，不见森林。

孟子提倡“知人论世”，对经典的理解还必须建立在了解当时制度的基础上。清代学者戴震认为阅读《诗经·七月》必须懂得天文与农事。而且，经典不是独立的，因此必须兼顾同时期的其他作品，经史子集，触类旁通，不仅看清“这一个”，而且看到“这一群”，有比较，有鉴别，才不至于任意解经。

阅读经典只为表达一己私见，十分容易；如要借此立论，则须谨慎，务必做到言必有据。康有为因改良的需要，以己意说经，遭到古文经学家的批判。传统思想的解释者往往依托诠释经典加进个人的想法。因此，在阅读经典时，必须分清哪些是立论有据，哪些是一己之得。可惜，意见多而立论少。一经不通而敢妄谈诸经者有之，一史未通而敢著通史者有之。似乎人人皆可“六经注我”，而缺乏“我注六经”的沉潜功夫。

宋代朱子擅改《大学》，遭到后世学人诸多非议。我们阅读经典应当吸取教训，没有十足把握，不擅改原文，不轻易发表意见。阅读经典不是为逞一己之见，而是为修身明理，所谓“头枕古籍，神交古人”。

当我们迷茫动摇时，试想孔夫子晚年自卫返鲁而成就一生，也许能明白人生其实不在一次两次的成败得失，“男儿未盖棺，进取谁能料”？当我们沉沦下僚时，品读孔子“吾少也贱，故多能鄙事”的自述，我们也许会感谢苦难。

阅读经典不能因噎废食、以偏概全，而在于发现经典的价值，即所谓的“理解之同情”。孔子的一些态度与举止可能让人难以理解，但当我们反观那个礼崩乐坏的时代，便会发现，孔子特立独行彰显的不是卑躬屈膝，而是那个时代特别缺乏而又迫切需要的高贵的礼制。

阅读经典的价值与意义何在？当我们抱着“理解之同情”的态度观照经典，对经典心存敬畏，在经典中汲取力量、壮大自我，才是我们应取的态度，正如北宋张载《语录钞》所言：“为学大益，在自求变化气质。”如果像孔乙己一样“站着喝酒而唯一穿长袍”，仅仅从形式上表明自己的品级，那样读经实在可笑。“古之学者为己，今之学者为人。”读经是为了完善自己，如果是为了在别人面前炫耀自己，那就充满了功利色彩，而这粉饰自己的油彩究竟能持续多久，像美容术一样究竟有多大效果，也就难说得很。阅读是个体的事情，应该与自己切身联系起来，而读书获得的文化应该化入我们的身体，与精神相融，变化气质。所以宋代程颐说：“今人不会读书，如读《论语》，未读时是此等人，读了后又只是此等人，便是不曾读。”其实何止是读《论语》，读所有经典都应该作切己之问，将其中道理扪心自问，自己做得如何？子路是孔门弟子中最能做到躬行实践的一个人，听到了就要去实行，当听到了一件事，还没有做到的时候，就怕再听到另外一件事。读书其实就是树立人品的过程。读书不应该像蝗虫一样，在知识的丛林中肆虐饕餮，而应该多下践行功夫。真正会读书的人不贪多，总是思考自己与知识的融合度。如果外在知识与内在人格格格不入，书读得多了恰恰会走火入魔。所以有的人书读得再多，始终是愚氓一个。

《大学》有言：“定而后能静，静而后能安，安而后能虑，虑而后能得。”只有心灵达到宁静、安稳的境界后，人才能够洞察万物之规律，这时考虑问题才能周详，处理事情才能完善。而当一个人的内心有了一种安顿了的感觉，生活也会有一种充实感。内心平静，思想清晰，智慧也必有所增，所以才有气定神闲的气质。人真正感到恐惧的是两件事："未知"与"改变"。未知是根本不知道自己是什么，该做什么，为什么做。好比走进了一个伸手不见五指的深夜丛林，无助且脆弱。改变是瞬间的手足无措，不晓得该向左还是向右，该拿起还是应该放下。不变不会感到担忧，一般人困扰的是无预警被迫的改变，逼迫自己抛弃惯性、重新适应，这比起自发性的改变来得更为胆战心惊。要克服与战胜上述的两大恐惧，经典阅读恰是我们"正心诚意"，然后"格物致知"、预知未来、顺应变化的最佳方式。经典穿透时空的智慧，让我们勇敢地面对"未知"与迎接"改变"。有了深厚的经典作基础，我们才具有"浩然之气"，也才具有"虽千万人吾往矣"的能力与气魄。

经学的现代意义是什么？我们可以把经学当作材料，如语言学、历史学，但最重要的是对经学的精神追求，以及对"义"的赞扬。另外，对经学本身的体例，如记叙手法，所谓的"书法"等，也可以借鉴。我们的传统文化对于现实社会依然实用。如我们可以尝试着用儒家文化来思考当今人类社会面临的普遍问题。

目录

专题五 外交辞令与预言灾异

结 语 《左传》 对后世的启示

诸侯争霸与秩序重建

一、齐桓公之伯

背景

齐桓公（？—前643），姜姓，名“小白”，春秋五霸之首。他是齐僖公的第三子、齐襄公幼弟，其母为卫国人。齐国始封君为姜子牙，煮盐垦田，富甲一方，兵甲数万，为春秋四大国之一。齐僖公时代，曾先后主持与多国会盟，平定宋、卫与郑三国之间的斗争。及至齐襄公，荒淫无道，曾出兵攻打卫国、鲁国、郑国。公元前686年，齐襄公遭连称、管至父、公孙无知等人所杀，公孙无知自立为君。公元前685年，雍廪袭杀公孙无知。公元前685年，公子小白诡称受伤而暗中迅速进入齐国国都，从而赢得与公子纠争位之战的胜利，成功即位国君。此后齐桓公任管仲为相，推行改革，实行军政合一、兵民合一的制度，齐国逐渐强盛。同时，齐桓公顺应中原诸侯的诉求，抗击北方戎狄等游牧部落的攻击，打出“尊王攘夷”的旗号，九合诸侯，北击山戎，南伐楚国，成为中原第一个霸主，受到周天子赏赐。

原文

庄公八年，初，襄公立，无常。鲍叔牙曰：“君使民慢，乱将作矣。”奉公子小白出奔莒。乱作，管夷吾、召忽奉公子纠来奔。

初，公孙无知虐于雍廪。九年春，雍廪杀无知。

公及齐大夫盟于蔇，齐无君也。

夏，公伐齐，纳子纠。桓公自莒先入。

秋，师及齐师战于乾时，我师败绩。公丧戎路，传乘而归。秦子、梁子以公旗辟于下道，是以皆止。

鲍叔帅师来言曰："子纠，亲也，请君讨之。管、召，仇也，请受而甘心焉。"乃杀子纠于生窦，召忽死之。管仲请囚，鲍叔受之，及堂阜而税之。归而以告曰："管夷吾治于高傒，使相可也。"公从之。

十年，齐侯之出也，过谭，谭不礼焉。及其入也，诸侯皆贺，谭又不至。冬，齐师灭谭，谭无礼也。谭子奔莒，同盟故也。

十二年秋，宋万弑闵公于蒙泽。

十三年春，会于北杏，以平宋乱。遂人不至。

夏，齐人灭遂而戍之。

冬，盟于柯，始及齐平也。宋人背北杏之会。

十四年春，诸侯伐宋。齐请师于周。夏，单伯会之，取成于宋而还。

冬，会于鄄，宋服故也。

十五年春，复会焉，齐始霸也。

秋，诸侯为宋伐郳。郑人间之而侵宋。

十六年夏，诸侯伐郑，宋故也。

郑伯自栎入，缓告于楚。秋，楚伐郑，及栎，为不礼故也。

冬，同盟于幽，郑成也。

十七年春，齐人执郑詹，郑不朝也。

夏，遂因氏、颌氏、工娄氏、须遂氏飨齐戍，醉而杀之，齐人歼焉。

二十七年夏，同盟于幽，陈、郑服也。冬，王使召伯廖赐齐侯命，且请伐卫，以其立子颓也。

二十八年春，齐侯伐卫，战，败卫师，数之以王命，取赂而还。

楚令尹子元欲蛊文夫人，为馆于其宫侧，而振万焉。夫人闻之，泣曰："先君以是舞也，习戎备也。今令尹不寻诸仇仇，而于未亡人之侧，不亦异乎！"御人以告子元。子元曰："妇人不忘袭仇，我反忘之。"

秋，子元以车六百乘伐郑，入于桔柣之门。子元、斗御彊、斗梧、耿之不比为旆，斗班、王孙游、王孙喜殿。众车入自纯门，及逵市，县门不发，楚言而出。子元曰："郑有人焉。"诸侯救郑，楚师夜遁。郑人将奔桐丘，谍告曰："楚幕有乌。"乃止。

冬，饥，臧孙辰告籴于齐，礼也。

三十年冬，遇于鲁济，谋山戎也，以其病燕故也。

三十一年夏六月，齐侯来献戎捷，非礼也。凡诸侯有四夷之功，则献于王，王以警于夷。中国则否。诸侯不相遗俘。

三十二年春，城小谷，为管仲也。

齐侯为楚伐郑之故，请会于诸侯。宋公请先见于齐侯。夏，遇于梁丘。

八月癸亥，公薨于路寝。子般即位，次于党氏。冬十月己未，共仲使圉人荦贼子般于党氏，成季奔陈，立闵公。

闵公元年春，狄人伐邢。管敬仲言于齐侯曰："戎狄豺狼，不可厌也；诸夏亲昵，不可弃也；宴安鸩毒，不可怀也。《诗》云：'岂不怀归？畏此简书。'简书，同恶相恤之谓也。请救邢，以从简书。"齐人救邢。

秋八月，公及齐侯盟于落姑，请复季友也。齐侯许之，使召诸陈，公次于郎以待之。书曰"季子来归"，嘉之也。

冬，齐仲孙湫来省难。书曰"仲孙"，亦嘉之也。

仲孙归，曰："不去庆父，鲁难未已。"公曰："若之何而去之？"对曰："难不已，将自毙，君其待之。"公曰："鲁可取乎？"对曰："不可，犹秉周礼。周礼，所以本也。臣闻之：'国将亡，本必先颠，而后枝叶从之。’鲁不弃周礼，未可动也。君其务宁鲁难而亲之。亲有礼，因重固，间携贰，覆昏乱，伯王之器也。”

（闵公二年）冬十二月，狄人伐卫，遂灭卫。卫之遗民男女七百有三十人，益之以共、滕之民为五千人，立戴公，以庐于曹。许穆夫人赋《载驰》。齐侯使公子无亏帅车三百乘、甲士三千人以戍曹。归公乘马，祭服五称，牛、羊、豕、鸡、狗皆三百，与门材；归夫人鱼轩，重锦三十两。

僖之元年，齐桓公迁邢于夷仪。二年，封卫于楚丘。邢迁如归，卫国忘亡。

（七年）秋，盟于宁母，谋郑故也。

管仲言于齐侯曰："臣闻之：‘招携以礼，怀远以德。德礼不易，无人不怀。’”齐侯修礼于诸侯，诸侯官受方物。

郑伯使大子华听命于会，言于齐侯曰："泄氏、孔氏、子人氏三族，实违君命。若君去之，以为成，我以郑为内臣，君亦无所不利焉。"齐侯将许之。管仲曰："君以礼与信属诸侯，而以奸终之，无乃不可乎？子父不奸之谓礼，守命共时之谓信。违此二者，奸莫大焉。"公曰："诸侯有讨于郑，未捷。今苟有衅。从之，不亦可乎？"对曰："君若绥之以德，加之以训辞，而帅诸侯以讨郑，郑将覆亡之不暇，岂敢不惧？若总其罪人以临之，郑有辞矣，何惧？且夫合诸侯，以崇德也。会而列奸，何以示后嗣？夫诸侯之会，其德、刑、礼、义，无国不记。记奸之位，君盟替矣。作而不记，非盛德也。君其勿许！郑必受盟。夫子华既为大子，而求介于大国，以弱其国，亦必不免。郑有叔詹、堵叔、师叔三良为政，未可间也。"齐侯辞焉。子华由是得罪于郑。

冬，郑伯使请盟于齐。

九年夏，会于葵丘，寻盟，且修好，礼也。

王使宰孔赐齐侯胙，曰："天子有事于文、武，使孔赐伯舅胙。"齐侯将下拜。孔曰："且有后命。天子使孔曰：‘以伯舅耋老，加劳，赐一级，无下拜。’"对曰："天威不违颜咫尺，小白余敢贪天子之命，无下拜？恐陨越于下，以遗天子羞。敢不下拜？”下拜，登，受。

秋，齐侯盟诸侯于葵丘，曰：“凡我同盟之人，既盟之后，言归于好。”宰孔先归，遇晋侯，曰：“可无会也！齐侯不务德而勤远略，故北伐山戎，南伐楚，西为此会也。东略之不知，西则否矣。其在乱乎！君务靖乱，无勤于行！”晋侯乃还。

（节选自《左传纪事本末》卷十八《齐桓公之伯》）

译文

鲁庄公八年，当初，齐襄公即位，施政没有准则，使人不知所措。鲍叔牙说：“国君放纵，百姓懈怠，祸乱将要发生了。”他就侍奉公子小白避乱到莒国。叛乱发生，管夷吾、召忽侍奉公子纠逃避到鲁国。

最初，公孙无知对待雍廪很暴虐。鲁庄公九年春季，雍廪杀死公孙无知。

鲁庄公和齐国的大夫在蔇地结盟，这是由于当时齐国没有国君。

夏季，鲁庄公进攻齐国，护送公子纠回国即位。齐桓公抢先从莒国回到齐国。

秋季，我军（鲁）和齐军在乾时作战，我军大败。鲁庄公丧失战车，乘坐轻车逃了回来。秦子、梁子打着庄公的旗号躲在小道上作掩护，都被齐军俘虏了。

鲍叔率领军队代表齐桓公来鲁国说：“子纠，是我齐君的亲人，请君王代我齐国讨伐。管仲、召忽，是我齐君的仇人，请把他们交给我齐国才能甘心。”于是就在生窦把公子纠杀死，召忽也自杀了。管仲请求把他押送回齐国，鲍叔接受请求，到了齐境堂阜就把他释放了。回国后，鲍叔报告齐桓公说：“管仲治国的才能比高傒都强，可以让他辅助君主。”齐桓公听从了这个意见。

十年，齐侯逃亡在外的时候，经过谭国，谭国人对他很不礼貌。等到他回国，诸侯都去祝贺，谭国又没有人去。冬季，齐军就灭亡了谭国，这是由于谭国没有礼貌。谭子逃亡到莒国，这是两国同盟的缘故。

十二年秋季，宋国的南宫长万在蒙泽杀死了宋闵公。

十三年春季，鲁庄公和齐、宋、陈、蔡、邾各国国君在北杏会见，是为了平定宋国的动乱。遂国人没有来。

夏季，齐国人灭亡遂国并派人戍守。

冬季，宋桓公和齐桓公在柯地结盟，开始和齐国讲和。宋国人违背了北杏的盟约。

十四年春季，齐国、陈国、曹国联军进攻宋国。齐国请求成周出兵。夏季，单伯带兵同诸侯相会，同宋国讲和后回国。

冬季，单伯和齐桓公、宋桓公、卫惠公、郑厉公在鄄地会见，这是由于宋国顺服的缘故。

十五年春季，齐桓公、宋桓公、陈宣公、卫惠公、郑厉公再次在鄄地会见，齐国开始称霸。

秋季，各诸侯为宋国而共同攻打郳国。郑国人便乘机入侵宋国。

十六年夏季，各诸侯联军进攻郑国，这是由于郑国入侵宋国的缘故。

郑厉公从栎地回到国都，没有及时通知楚国。秋季，楚国进攻郑国，到达栎地，这是为了报复郑厉公对楚国不恭敬没有及时通知的缘故。

冬季，鲁庄公和齐桓公、宋桓公、陈宣公、卫惠公、郑厉公、许穆公、滑伯、滕子在幽地一起结盟，这是为了同郑国讲和。

十七年春季，齐国人抓住郑詹，这是由于郑国不去朝见齐国。

夏季，遂国的因氏、颌氏、工娄氏、须遂氏用酒食招待在遂国戍守的齐军，灌醉以后杀了他们。齐国戍守者被因氏四族全部杀尽。

二十七年夏季，鲁庄公和齐桓公、宋桓公、陈宣公、郑文公在幽地一起结盟，因为陈国和郑国都顺服了。冬季，周惠王派遣召伯廖赐命齐桓公，并要求他进攻卫国，因为卫国曾拥立子颓做周天子。

二十八年春季，齐桓公讨伐卫国，打败了卫军，用周天子的名义责备卫国，取得了财货回国。

楚国的令尹子元想诱惑文王夫人，在她的宫舍旁另造了房舍，在里边摇铃铎跳万舞。夫人听到了，哭着说："先君让人跳这个舞蹈，是用来演习备战的。现在令尹不用在仇敌那里，却用在一个寡妇的身上，这不是很奇怪吗?"侍者告诉了子元。子元说："一个女人尚且不忘记击杀仇敌，我反倒忘了。"

秋季，子元带领六百辆战车进攻郑国，进入桔柣之门。子元、斗御疆、斗梧、耿之不比率领前军，斗班、王孙游、王孙喜在后面。车队从纯门进去，到达大路上的市场。郑国内城的闸门没有放下，楚国人用楚国方言说了一会儿就退兵了。子元说："郑国有人才。"诸侯救援郑国，楚军就夜里溜走了。郑国人已经准备逃往桐丘，间谍报告说："楚国的帐篷上有乌鸦。"郑国人于是停止逃跑。

冬季，发生饥荒，鲁国的大夫臧孙辰向齐国购买粮食，这是合于礼的。

三十年冬季，鲁庄公和齐桓公在鲁国济水谋划攻打山戎，这是由于山戎危害燕国的缘故。

三十一年夏季，六月，齐桓公来鲁国奉献讨伐山戎的战利品，这是不合于礼的。凡是诸侯讨伐四方夷狄有功，就要奉献给周天子，周天子用来警戒四方夷狄。中原各国诸侯之间不能互相赠送俘虏。

三十二年春季，齐国在小谷为管仲筑了一座城。

齐桓公由于楚国进攻郑国的缘故，请求和诸侯会见。宋桓公请求和齐桓公先行会见。夏季，齐桓公和宋桓公在梁丘会见。

八月初五日，鲁庄公死在正寝里。子般即位，住在党氏家里。冬季，十月初二日，共仲派圉人荦在党家刺死了子般，成季逃亡到陈国，立闵公为国君。

鲁闵公元年春季，狄人进攻邢国。管仲对齐桓公说：“戎狄好像豺狼，是不会满足的；中原各国互相亲近，是不能抛弃的；安逸等于毒药，是不能怀恋的。《诗》说：‘难道不想着回去？怕的是这个竹简上的军事文字。’竹简上的军事文字，就是同仇敌忾而忧患与共的意思，所以请按照简书而救援邢国。”于是齐国人出兵救援邢国。

秋季，八月，鲁闵公和齐桓公在落姑结盟，请求齐桓公帮助季友回国。齐桓公答应了，派人从陈国召回季友，鲁闵公住在郎地等候他。《春秋》记载说“季子来归”，这是赞美季友。

冬季，齐国的仲孙湫前来对祸难表示慰问，《春秋》称之为“仲孙”，也是赞美他。

仲孙回国说：“不除掉庆父，鲁国的祸难没完没了。”齐桓公说：“怎么样才能除掉他？”仲孙回答说：“祸难不止，将会自取灭亡，您就等着吧！”齐桓公说：“鲁国可以取得吗？”仲孙说：“不行。他们还遵行周礼。周礼，是立国的根本。下臣听说：‘国家将要灭亡，如同大树，躯干必然先行仆倒，然后枝叶随着落下。’鲁国不抛弃周礼，是不能动它的。您应当安定鲁国的祸难并且亲近它。亲近有礼仪的国家，依靠稳定坚固的国家，离间内部涣散的国家，灭亡昏暗动乱的国家，这是称霸称王的方法。”

（闵公二年）冬季，十二月，狄人进攻卫国，卫国被灭。卫国的遗民男女共计七百三十人，加上共地、滕地的百姓共五千人，立戴公为国君，暂时寄居在曹邑。许穆夫人作了《载驰》这首诗。齐桓公派遣公子无亏率领战车三百辆、披甲战士三千人守卫曹邑。赠送给戴公驾车的马匹，五套祭服，牛、羊、猪、鸡、狗各三百头，还有做门户的木材；赠送给夫人用鱼皮装饰的车子，三十匹上等的绸缎。

鲁僖公元年，齐桓公把邢国迁到夷仪。二年，给卫国在楚丘建立了国界。邢国迁到那儿，好像回到原来的国土一样，卫国也忘掉了亡国之痛。

（七年）秋季，鲁僖公和齐桓公、宋桓公、陈国的世子款、郑国的世子华在宁母结盟，策划进攻郑国。

管仲对齐桓公说："臣听说：'招抚有二心的国家，用礼；安抚边远的国家，用德。凡事不违背德和礼，没有人不归附。'"齐桓公就以礼对待诸侯，诸侯的官员接受了齐国赏的土特产。

郑文公派遣太子华接受会议的命令，对齐桓公说："泄氏、孔氏、子人氏三族，违背您的命令。您如果除掉他们而和敝国讲和，我国作为您的内臣，这对您也没有什么不利。"齐桓公准备答应他。管仲说："君王用礼和信会合诸侯，而用邪恶来结束，未免不行吧。儿子和父亲不相违背叫作礼，见机行事完成君命叫作信。违背这两点，没有比这再大的邪恶了。"齐桓公说："诸侯进攻郑国，没有得胜；现在幸而有机可乘，利用这点，不也行吗?"管仲回答说："君王如果用德来安抚，加上教训，他们不接受，然后率领诸侯讨伐郑国，郑国挽救危亡还来不及，哪敢不害怕？如果领着他的罪人以兵进攻郑国，郑国就有理了，还害怕什么？而且会合诸侯，这是为了尊崇德行。会合而让奸邪之人列于国君，怎么能向后代交代？诸侯的会见，他们的德行、刑罚、礼仪、道义，没有一个国家不加以记载。如果记载了让邪恶的人居于君位，君王的盟约就要废弃了。事情做了而不能见于记载，这就不是崇高的道德。君王还是不同意比较好。郑国一定会接受盟约的。子华既然做了太子，而要求凭借大国来削弱他的国家，也一定不能免于祸患。郑国有叔詹、堵叔、师叔三个贤明的人执政，还不能去钻它的空子。"齐桓公于是向子华辞谢。子华因此得罪了郑国。

冬季，郑文公派遣使者到齐国请求订立盟约。

九年夏季，鲁僖公和宰周公、齐桓公、宋桓公、卫文公、郑文公、许僖公、曹共公在葵丘会见，重温过去的盟约，同时发展友好关系，这是合于礼的。

周襄王派宰孔把祭肉赐给齐桓公，说："周天子祭祀文王、武王，派遣我把祭肉赐给伯舅。”齐桓公准备下阶拜谢。宰孔说：“且慢，后面还有命令。天子命我告诉您：‘因为伯舅年纪大了，加之对王室有功，特赐爵一级，不必下阶拜谢。’”齐桓公回答说：“天子的威严，离我不过咫尺，小白我岂敢贪受天子的命令而不下阶拜谢？不下拜，我唯恐在诸侯位上摔下来，使天子蒙受羞辱。岂敢不下阶拜谢？”齐桓公下阶拜谢，登上台阶接受祭肉。

秋季，齐桓公和诸侯在葵丘会盟，说：“凡是我们一起结盟的人，既已盟誓，就消除过去的隔阂，重新友好相处。”宰孔先行回国，遇到晋献公，说：“可以不去参加会盟了。齐桓公不致力于德行，而忙于远征，所以向北边攻打山戎，向南边攻打楚国，在西边就举行了这次会盟。向东边是否要有所举动，还不知道，攻打西边是不可能的。晋国恐怕会有祸乱吧！君王应该致力于安定国内的祸乱，不要急于前去。”晋献公听了这话，就回国了。

评析

齐桓公能够利用贤能，顺应历史发展规律，尊王攘夷，成为一代霸主。桓公九会诸侯，保证了中原稳定的社会秩序；轻利重义，倡导礼制，诸侯知桓公为己，故而归附。文事武备，“教大成，定三革，隐五刃，朝服以济河而无怵惕焉，文事胜矣。是故大国惭愧，小国附协。唯能用管夷吾、甯戚、隰朋、宾胥无、鲍叔牙之属而伯功立”（《国语·齐语》）。然而桓公晚年昏庸，管仲去世后，任用易牙、竖刁等小人，最终病死。齐桓公曾经两次盟会诸侯，但前后情况不同，正如《公羊传》所说：“贯泽之会，桓公有忧中国之心，不召而至者，江人、黄人也。葵丘之会，桓公震而矜之，叛者九国。”

当子路、子贡质疑“桓公杀公子纠，召忽死之，管仲不死”时，言下之意是说管仲对公子纠不够忠，那么一个不“忠”的人怎么会“仁”

呢？孔子对此明确回答："桓公九合诸侯，不以兵车，管仲之力也。如其仁！如其仁！"（《论语·宪问》）"管仲相桓公，霸诸侯，一匡天下，民到于今受其赐。微管仲，吾其被发左衽矣。岂若匹夫匹妇之为谅也，自经于沟渎而莫之知也。"（《论语·宪问》）管仲在小节方面有欠缺，但在协助齐桓公保存华夏、维护华夷之辨的名分方面有大贡献。"仁"是对他者的关爱，如果所做之事涉及对象有矛盾时，那么就看涉及对象的众寡，因为召忽不过忠于一姓一家，而管仲的功业则事关整个民族。由此可以看出孔子对"仁"的意义在社会事功前进行扩展的努力。也正是这个原因，孔子极力肯定对广大人民有益的事功。

二、晋公子重耳流亡

背景

周初分封同姓，晋国首任国君唐叔虞为周武王姬发之子，国号初为唐，其子燮即位后改为晋。晋献公“并国十七，服国三十八”，开始崛起。晋献公十一年（前 666），骊姬受到宠爱，想让自己的儿子成为嗣君，于是派人献计给献公，让太子申生与重耳等离开国都。晋献公二十一年（前 656），骊姬进一步陷害太子申生，申生自尽。晋献公二十二年（前 655），晋献公讨伐蒲城重耳。重耳逃到了母亲的故国狄国。重耳被迫流亡在外 19 年，辗转了 8 个诸侯国，直至公元前 636 年春，62 岁的重耳在秦穆公的支持下回晋杀晋怀公而立。

晋文公，姬姓，名重耳，公元前 636 年至公元前 628 年在位。晋文公初为公子，谦虚而好学，善于结交有才能的人。晋文公在位期间任用狐偃、先轸、赵衰、贾佗、魏犨等人，实行通商宽农、明贤良、赏功劳等政策，作三军六卿，使晋国国力大增。对外联合秦国和齐国伐曹攻卫、救宋服郑，平定周室子带之乱，受到周天子赏赐。公元前 632 年于城濮大败楚军，并召集齐、宋等国于践土会盟，成为春秋五霸中的第二位霸主，开创了晋国长达百年的霸业。

原文

（鲁僖公二十三年）晋公子重耳之及于难也，晋人伐诸蒲城。蒲城人欲战，重耳不可，曰："保君父之命，而享其生禄，于是乎得人。有人而校，罪莫大焉。吾其奔也。"遂奔狄。从者：狐偃、赵衰、颠颉、魏武子、司空季子。狄人伐廧咎如，获其二女，叔隗、季隗，纳诸公子。公子取季隗，生伯儵、叔刘；以叔隗妻赵衰，生盾。将适齐，谓季隗曰："待我二十五年，不来而后嫁。"对曰："我二十五年矣，又如是而嫁，则就木焉。请待子。"处狄十二年而行。

过卫，卫文公不礼焉。出于五鹿，乞食于野人。野人与之块。公子怒，欲鞭之。子犯曰："天赐也。"稽首，受而载之。

及齐，齐桓公妻之，有马二十乘。公子安之。从者以为不可，将行，谋于桑下。蚕妾在其上，以告姜氏，姜氏杀之，而谓公子曰："子有四方之志，其闻之者，吾杀之矣。"公子曰："无之。"姜曰："行也！怀与安，实败名。"公子不可。姜与子犯谋，醉而遣之。醒，以戈逐子犯。

及曹，曹共公闻其骈胁，欲观其裸。浴，薄而观之。僖负羁之妻曰："吾观晋公子之从者，皆足以相国。若以相，夫子必反其国。反其国，必得志于诸侯。得志于诸侯，而诛无礼，曹其首也。子盍蚤自贰焉。"乃馈盘飧，置璧焉。公子受飧反璧。

及宋，宋襄公赠之以马二十乘。

及郑，郑文公亦不礼焉。叔詹谏曰："臣闻：'天之所启，人弗及也。'晋公子有三焉，天其或者将建诸！君其礼焉。男女同姓，其生不蕃。晋公子，姬出也，而至于今，一也。离外之患，而天不靖晋国，殆将启之，二也。有三士，足以上人，而从之，三也。晋、郑同侪，其过子弟，固将礼焉，况天之所启乎？"弗听。

及楚，楚子飨之，曰：“公子若反晋国，则何以报不穀？”对曰：“子女、玉帛，则君有之；羽毛、齿革，则君地生焉。其波及晋国者，君之馀也，其何以报君？”曰：“虽然，何以报我？”对曰：“若以君之灵，得反晋国，晋、楚治兵，遇于中原，其辟君三舍。若不获命，其左执鞭弭、右属櫜鞬，以与君周旋。”子玉请杀之。楚子曰：“晋公子广而俭，文而有礼。其从者肃而宽，忠而能力。晋侯无亲，外内恶之。吾闻‘姬姓，唐叔之后，其后衰者也’，其将由晋公子乎！天将兴之，谁能废之？违天必有大咎。”乃送诸秦。

秦伯纳女五人，怀嬴与焉。奉匜沃盥，既而挥之。怒曰：“秦、晋，匹也，何以卑我？”公子惧，降服而囚。

他日，公享之。子犯曰：“吾不如衰之文也，请使衰从。”公子赋《河水》，公赋《六月》。赵衰曰：“重耳拜赐！”公子降，拜，稽首，公降一级而辞焉。衰曰：“君称所以佐天子者命重耳，重耳敢不拜！”

二十四年春王正月，秦伯纳之。不书，不告入也。

及河，子犯以璧授公子，曰：“臣负羁绁，从君巡于天下，臣之罪甚多矣。臣犹知之，而况君乎？请由此亡。”公子曰：“所不与舅氏同心者，有如白水！”投其璧于河。

济河，围令狐，入桑泉，取臼衰。二月甲午，晋师军于庐柳。秦伯使公子絷如晋师。师退，军于郇。辛丑，狐偃及秦、晋之大夫盟于郇。壬寅，公子入于晋师。丙午，入于曲沃。丁未，朝于武宫。戊申，使杀怀公于高梁。不书，亦不告也。

吕、郤畏逼，将焚公宫，而弑晋侯。寺人披请见，公使让之，且辞焉，曰：“蒲城之役，君命一宿，女即至。其后余从狄君以田渭滨，女为惠公来求杀余。命女三宿，女中宿至。虽有君命，何其速也？夫祛犹在。女其行乎！”对曰：“臣谓君之入也，其知之矣。若犹未也，又将及难。君命无二，古之制也。除君之恶，唯力是视。蒲人、狄人，余何有焉？今君即位，其无蒲、狄乎？齐桓公置射钩，而使管仲相。君若易之，何辱命焉？行者甚众，岂唯刑臣？”公见之，以难告。三月，晋侯潜会秦伯于王城。己丑晦，公宫火。瑕甥、郤芮不获公，乃如河上，秦伯诱而杀之。晋侯逆夫人嬴氏以归。秦伯送卫于晋三千人，实纪纲之仆。

初，晋侯之竖头须，守藏者也。其出也，窃藏以逃，尽用以求纳之。及入，求见，公辞焉以沐。谓仆人曰：“沐则心覆，心覆则图反，宜吾不得见也。居者为社稷之守，行者为羁绁之仆，其亦可也，何必罪居者？国君而仇匹夫，惧者甚众矣。”仆人以告，公遽见之。

狄人归季隗于晋，而请其二子。文公妻赵衰，生原同、屏括、楼婴。赵姬请逆盾与其母，子余辞。姬曰：“得宠而忘旧，何以使人？必逆之！”固请，许之。来，以盾为才，固请于公，以为嫡子，而使其三子下之，以叔隗为内子，而己下之。

晋侯赏从亡者，介之推不言禄，禄亦弗及。推曰：“献公之子九人，唯君在矣。惠、怀无亲，外内弃之。天未绝晋，必将有主。主晋祀者，非君而谁？天实置之，而二三子以为己力，不亦诬乎？窃人之财，犹谓之盗，况贪天之功以为己力乎？下义其罪，上赏其奸，上下相蒙，难与处矣。”其母曰：“盍亦求之？以死，谁怼？”对曰：“尤而效之，罪又甚焉。且出怨言，不食其食。”其母曰：“亦使知之，若何？”对曰：“言，身之文也。身将隐，焉用文之？是求显也。”其母曰：“能如是乎？与女偕隐。”遂隐而死。晋侯求之不获，以绵上为之田，曰：“以志吾过，且旌善人。”

（节选自《左传纪事本末》卷二十五《晋文公之伯》）

译文

（鲁僖公二十三年）晋公子重耳遭到祸难的时候，晋献公派人攻打蒲城。蒲城人想要迎战，重耳不同意，说：“我是靠着国君父亲的命令才有了养生的俸禄，因此才得到百姓的拥护。有了百姓的拥护就要与父王对抗，没有比这再大的罪过了。我还是逃亡吧。”于是就逃亡到狄人那里，跟随的有狐偃、赵衰、颠颉、魏武子、司空季子。狄人攻打廧咎如，俘虏了他的两个女儿叔隗、季隗，把她们送给公子重耳。重耳娶了季隗，生了伯儵、叔刘。他把叔隗嫁给了赵衰，生了赵盾。重耳准备到齐国去，对季隗说：“等我二十五年，我如果不回来，你再改嫁。”季隗回答说：“我已经二十五岁了，再过二十五年改嫁，我就要进棺材了。我等您。”重耳在狄一共住了十二年，然后离开。

重耳经过卫国的时候，卫文公没有以礼接待他。在五鹿这个地方，重耳一行人向乡下人要饭吃。乡下人给了他一块泥土。重耳发怒了，要鞭打乡下人。子犯说：“这是上天赐予我们的啊！”叩头接受，把泥土装上车子。

到了齐国，齐桓公把姜氏嫁给重耳，并陪嫁八十匹马。重耳便安于齐国的生活，不想再走了。跟随出逃的人都认为这样不行，他们准备让重耳离开齐国，并在桑树下商量。养蚕的女奴在树上听到了，便告诉了姜氏，姜氏杀了女奴，然后对重耳说：“您有远大的志向，听到的人，我已经把她杀了。”重耳说：“没有这回事。”姜氏说：“您走吧！眷恋享受、安于现状是会败坏功名的。”重耳不愿意走。姜氏和子犯合谋，把重耳灌醉，然后把他送离齐国。酒醒后，重耳生气得拿着戈来追赶子犯。

到了曹国，曹共公听说重耳的肋骨长得连在一起，便想要趁重耳裸露身体的时候看一看。重耳洗澡时，曹共公走近前去观看他的肋骨。曹国大夫僖负羁的妻子对她丈夫说：“我看晋国公子的随从人员，都是足以做国家辅臣的人才。如果让他们辅佐公子，公子一定能回到晋国当国君。回到晋国当国君后，一定能在诸侯中称霸。在诸侯中称霸后，讨伐对他无礼的国家，曹国恐怕就是头一个。你为什么不趁早表示一些不同的态度呢？”于是僖负羁就赠送给重耳一盘晚餐，把一块玉璧藏在饭中。

重耳接受了他的晚餐而送还了玉璧。

到了宋国，宋襄公赠送给重耳八十匹马。

重耳到了郑国，郑文公对他也不加礼遇。叔詹劝谏郑文公说："我听说：'上天所要帮助的人，一般人是比不上的。'晋公子重耳有三件特殊的事非他人所能比，上天或者将要立他为国君吧！您还是以礼相待的好。男女同姓通婚，他们的子孙不能繁盛。姬姓的晋公子重耳，是姬姓女子所生，但他至今仍健康地活着，这是第一件特殊的事。他经受了逃亡在外的忧患，而上天使晋国国内不能安定，大概将要帮助他了，这是第二件特殊的事。有三个人足以居于别人之上，却一直跟随着他，这是第三件特殊的事。晋国和郑国地位平等，他们的子弟路过还应当以礼相待，更何况是上天所要帮助的人呢！"郑文公没有听叔詹的劝谏。

重耳到了楚国，楚成王设宴招待他，说："公子如果返回晋国即位，那么将如何报答我呢？"重耳回答说："男女仆人、宝玉丝绸，您都有了；鸟羽、兽毛、象牙和皮革，都是贵国的特产。那些遍及到晋国的，都是您剩下的。我拿什么来报答您呢？"楚成王说："虽说是这样，公子用什么来报答我？"重耳回答说："如果托您的福，我能返回晋国，一旦晋国和楚国交战，双方军队在中原碰上了，我就让晋军退避九十里地。如果得不到您退兵的命令，我就只好左手拿着马鞭和弓箭，右边挂着箭袋和弓套，奉陪您较量一番。"楚国大夫子玉请求楚成王杀掉公子重耳。楚成王说："晋公子志向远大而生活俭朴，言辞文雅而合乎礼仪。他的随从态度恭敬而待人宽厚，忠诚又有能力。现在晋惠公没有亲近的人，国内外的人都憎恨他。我听说'姓姬的一族中，唐叔的一支是衰落得最迟的'，恐怕要靠晋公子来振兴吧！上天将要使他兴起，谁能够废掉他？违背天意，必定会遭大祸。"于是，楚成王就派人把重耳送去秦国。

秦穆公送给重耳五个女子，怀嬴也在其中。一次，怀嬴捧着水盘，倒水给重耳洗手，洗完之后，重耳挥洒着湿手，让怀嬴走开。怀嬴生气地说："秦国和晋国地位相等，为什么轻视我？"重耳害怕了，脱去上衣，把自己捆绑起来向怀嬴谢罪。

有一天，秦穆公设宴招待重耳，子犯说："我不如赵衰那样有文采，请让赵衰跟您去。"在宴会上，重耳让乐工奏《河水》这首诗以表达对秦穆公的尊敬，秦穆公叫人奏了《六月》这首诗作为回谢。赵衰说："重耳，快拜谢君王的美意！"重耳退到阶下，拜，叩头；秦穆公走下一级台阶表示辞让。赵衰说："君王用辅佐天子的诗来命令重耳，重耳岂敢不拜！"

二十四年春季，周王朝历法的正月，秦穆公派兵护送公子重耳回国。《春秋》没有记载这件事，因为晋国没有向鲁国报告。

到达黄河岸边，子犯把一块玉璧交给重耳，说："臣下为您仆役，跟随着您奔走，巡行天下，臣下的罪过很多，臣下自己尚且知道，何况您呢？请允许我从此离开您吧。"重耳说："我如果不与舅父一条心，可以指着黄河水发誓！"就把那块玉璧扔进黄河里。

重耳一行渡过黄河，包围了令狐，进入桑泉，攻取了臼衰。二月甲午日，晋国的军队驻扎在庐柳。秦穆公派遣公子絷到晋国军队里去交涉。晋军退走，驻扎在郇地。辛丑日，狐偃和秦国、晋国的大夫在郇地结盟。壬寅日，重耳进入晋国军队，掌握了军队。丙午日，进入曲沃。丁未日，朝拜祖庙武宫。戊申日，重耳派人在高梁杀死了晋怀公。《春秋》没有记载这件事，也是因为晋国人没有来鲁国报告。

吕甥、郤芮害怕受到重耳的迫害，准备焚烧宫室并杀死晋君重耳。寺人披请求进见重耳，重耳派人去责备他，而且拒绝接见他，说："蒲城之战，献公命令你一夜之后到达蒲城，你当天就到了。后来我跟随狄君在渭水边上打猎，你奉惠公之命来杀我。惠公命令你三个晚上以后赶到，你第二晚就到了。虽然有国君的命令，可是怎么那么快呢？当初被你砍掉的那只袖子还在呢。你还是走吧！"寺人披回答说："我原来以为您回国为君，应该懂得为君之道了。如果还不懂，又将会有灾难啊。

执行国君的命令只有一心一意，这是自古以来的制度。铲除国君所厌恶的人，我是尽力而为。杀一个蒲人或狄人，对我来说，有什么关系呢？现在您当了国君，难道就没有像当年在蒲城和在狄那样的反对者吗？齐桓公能不计射钩之仇而重用管仲为相。您如果没有齐桓公那样的度量，改变他那样的做法，那我会自己走的，不必劳烦您下命令。那样的话，要走的人很多，岂止我一个受过宫刑的小臣？”重耳于是接见了寺人披，寺人披就把吕甥、郤芮将作乱的事告诉了重耳。三月，重耳秘密地到王城会见秦穆公。三月三十日，重耳的宫殿起火。吕甥、郤芮没有抓到重耳，就追赶到黄河边上，秦穆公把二人诱骗过去杀掉。晋文公迎接夫人嬴氏回国。秦穆公送给晋国三千名卫士，都是一些得力的臣仆。

当初，晋君有个小臣，名叫头须，是专门管理财物的。当年重耳逃亡时，头须偷走府库中的财物，全部用在接纳重耳回国这件事上。等到重耳回国了，头须请求进见重耳。重耳借口正在洗头而不愿见他。头须对重耳的仆人说：“洗头的时候，心是向下倒过来的，心倒过来，考虑问题就颠倒了，难怪我不能进见他。留在国内的人为他看守国家，跟他逃亡的人为他奔走服役，这两种人都是一样的，何必把留守的人看成是有罪的人呢？身为国君而仇视普通人，那么害怕的人就多了。”仆人把这些话告诉给重耳，重耳马上接见了他。

狄人把季隗送回晋国，但请求留下她的两个儿子伯鯈、叔刘。重耳把女儿嫁给赵衰，生了原同、屏括、楼婴。赵姬请求接回赵盾和他的母亲叔隗，赵衰不同意。赵姬说：“得到新宠而忘记旧好，以后还如何使唤别人？一定要把他们接回来。”坚决向赵衰请求，赵衰同意了。于是把叔隗和赵盾接回来。赵姬认为赵盾有才干，坚决向赵衰请求，要把赵盾立为嫡子，而让她自己生的三个儿子居于赵盾之下，让叔隗作为正妻，而自己居于她之下。

晋文公赏赐跟随他逃亡的人，介之推没有提出要求赏赐，晋文公也没有赏赐他。介之推说：“献公的儿子有九个，只有公子在世了。惠公、怀公没有亲近的人，国内国外都抛弃了他们。上天没有灭绝晋国，必定会有君主。主持晋国祭祀的人，不是重耳又会是谁呢？上天一定要立重耳为君，而他们几位随从逃亡的人却贪天之功以为己力，这不是欺蒙上天吗？偷别人的财物，尚且叫作盗，何况贪上天的功劳以为自己的力量呢？下面的人把贪功的罪过当成正义的行为，上面的人又对欺骗加以赏赐，上下相互欺骗，这就难以和他们相处了。”介之推的母亲说：“你何不也去求得封赏？否则就这样死去，又能怨谁呢？”介之推回答说：“明知是错的还去效仿，罪过就更大了。再说我已口出怨言，不能再接受他的俸禄。”他母亲说：“要不然也让他知道一下，怎么样？”介之推回答说：“言辞，是身体上的装饰。身体将要隐藏起来，还要装饰干什么？这反而是去求得显达了。”他母亲说：“你能做到这样吗？那么，我和你一起隐居吧！”于是母子俩就一起隐居到死。重耳派人到处寻找介之推，找不到，就把绵上的田封给他，说：“就用这来记载我的过错，并表扬好人吧！”

评析

“天将降大任于是人也，必先苦其心志，劳其筋骨，饿其体肤，空乏其身，行拂乱其所为，所以动心忍性，曾益其所不能。”（《孟子·告子下》）只有历经磨难，才具有担当大任的资格。重耳由一个贪图享乐、养尊处优的贵族公子哥儿，到后来成为春秋时代显赫一时的霸主，几乎可以说全凭他在国外流亡 19 年期间所遭受的磨难。当初大祸临头时的出逃，是迫不得已而为之。流亡时屈辱、困苦、安乐的体验，使他明白了身在宫廷、耽于逸乐时不可能明白的人生真谛，在身、心两方面受到陶冶和磨炼。重耳的故事告诉我们，在奋斗的过程中，经不起折磨，受不了坎坷，吃不了苦头，忍不住痛苦，沉溺于安乐，迷恋于幻想，都不可能达到目标，不可能实现自己的理想。

重耳最大的特点就是得人心，不仅贤士追随他，妻子帮助他，就连齐桓公、楚成王和秦穆公都很看好他，愿意鼎力相助。楚成王说："天将兴之，谁能废之？"认为重耳是有天命护佑的。其实也可以理解为"自助者天助"。公孙固说："（重耳）好善不厌，父事狐偃，师事赵衰，而长事贾佗。……此三人者，实左右之。公子居则下之，动则谘焉，成幼而不倦，殆有礼矣。树于有礼，必有艾。"（《国语·晋语》）重耳能听道理，知错就改；公私分明，不念旧仇。重耳赏罚的等级从价值之功、政治之功、军事之功到侍奉之功，体现了他把自己的政治行为，放在国家政治传统构建、放在国家价值和精神传统构建的基础上来思考。

三、晋并戎狄

背景

我国是一个多民族的大国，在长期的历史发展过程中形成了现在的民族格局。春秋时有华夏和戎、狄、蛮、夷的区分。春秋早期，戎狄势力很盛，中原华夏诸小国受其威胁较严重，即使晋、齐等大国也经常要遭到戎狄的侵袭。从春秋中期开始，华夏各诸侯国有了较大发展，特别是通过相互联合，增强了对戎狄的防御能力，不少的戎狄渐被华夏所征服。赤狄、白狄大部分为晋所灭，齐灭莱夷，秦灭西戎，楚国吞并数量甚多的蛮人或濮人的小国。由于各族长期和华夏聚居在一起，不断相互影响，文化礼俗等方面的差别日趋减少。到春秋末年，原来散居于中原各地的戎狄蛮夷差不多都已和华夏融合在一起了。

原文

僖公八年，晋里克帅师，梁由靡御，虢射为右，以败狄于采桑。梁由靡曰："狄无耻，从之，必大克。"里克曰："惧之而已，无速众狄！"虢射曰："期年狄必至，示之弱矣。"夏，狄伐晋，报采桑之役也。复期月。

十六年秋，狄侵晋，取狐厨、受铎，涉汾，及昆都，因晋败也。

二十二年。初，平王之东迁也，辛有适伊川，见披发而祭于野者，曰："不及百年，此其戎乎！其礼先亡矣。"秋，秦、晋迁陆浑之戎于伊川。

文公十一年，鄋瞒侵齐，遂伐我。公卜使叔孙得臣追之，吉。侯叔夏御庄叔，绵房甥为右，富父终甥驷乘。

冬十月甲午，败狄于咸，获长狄侨如。富父终甥舂其喉以戈，杀之，埋其首于子驹之门，以命宣伯。初，宋武公之世，鄋瞒伐宋，司徒皇父帅师御之。耏班御皇父充石，公子谷甥为右，司寇牛父驷乘，以败狄于长丘，获长狄缘斯。皇父之二子死焉，宋公于是以门赏耏班，使食其征，谓之耏门。晋之灭潞也，获侨如之弟焚如。齐襄公之二年，鄋瞒伐齐，齐王子成父获其弟荣如，埋其首于周首之北门。卫人获其季弟简如。鄋瞒由是遂亡。

宣公六年秋，赤狄伐晋，围怀及邢丘。晋侯欲伐之。中行桓子曰："使疾其民，以盈其贯，将可殪也。《周书》曰：'殪戎殷。'此类之谓也。"

七年夏，赤狄侵晋，取向阴之禾。

十一年，晋郤成子求成于众狄，众狄疾赤狄之役，遂服于晋。秋，会于攒函，众狄服也。是行也，诸大夫欲召狄。郤成子曰："吾闻之，非德，莫如勤，非勤，何以求人？能勤有继，其从之也。《诗》曰：'文王既勤止。'文王犹勤，况寡德乎？"

十三年秋，赤狄伐晋，及清，先縠召之也。

十五年，潞子婴儿之夫人，晋景公之姊也。酆舒为政而杀之，又伤潞子之目。晋侯将伐之。诸大夫皆曰："不可。酆舒有三俊才，不如待后之人。"伯宗曰："必伐之。狄有五罪，俊才虽多，何补焉？不祀，一也。耆酒，二也。弃仲章而夺黎氏地，三也。虐我伯姬，四也。伤其君目，五也。怙其俊才，而不以茂德，兹益罪也。后之人或者将敬奉德义以事神人，而申固其命，若之何待之？不讨有罪，曰'将待后'，后有辞而讨焉，毋乃不可乎？夫恃才与众，亡之道也。商纣由之，故灭。天反时为灾，地反物为妖，民反德为乱。乱则妖灾生。故文，反正为乏。尽在狄矣。”晋侯从之。六月癸卯，晋荀林父败赤狄于曲梁。辛亥，灭潞。酆舒奔卫，卫人归诸晋，晋人杀之。秋七月壬午，晋侯治兵于稷，以略狄土，立黎侯而还。晋侯赏桓子狄臣千室，亦赏士伯以瓜衍之县，曰：“吾获狄土，子之功也。微子，吾丧伯氏矣。”

十六年春，晋士会帅师灭赤狄甲氏及留吁、铎辰。

（节选自《左传纪事本末》 卷三十二《晋并戎狄》）

译文

僖公八年，晋国的里克率领军队，梁由靡驾驭战车，虢射作为车右，在采桑打败了狄人。梁由靡说：“狄人不以逃走为耻，如果追击，必然大胜。”里克说：“吓唬一下就行了，不要因为追击招来更多的狄人。”虢射说：“只要一年，狄人必然再来，不去追击，就是向他们示弱了。”夏季，狄人进攻晋国，这是为了报采桑一役的仇，应验了虢射所说一年的预言。

僖公十六年秋季，狄人攻打晋国，占取了狐厨、受铎，渡过汾水，到达昆都，因为晋国战败了。

僖公二十二年，当初，周平王向东迁都洛阳的时候，辛有到了伊川，见到披着头发在野外祭祀的人，说：“不到一百年，这里就要变成戎人居住的地方了！它的礼仪先消失了。”秋季，秦国和晋国把陆浑之戎迁到伊川。

文公十一年，鄋瞒侵袭齐国，然后攻打我鲁国。文公占了一个卦，卜派遣叔孙得臣追赶敌人，吉利。侯叔夏驾驭叔孙得臣的战车，绵房甥作为车右，富父终甥作为驷乘。

冬季，十月初三日，在咸地打败狄人，俘虏了长狄侨如。富父终甥用戈抵住他的咽喉，杀死了他，把他的脑袋埋在子驹之门下边，把宣伯命名为侨如。当初，在宋武公时代，鄋瞒进攻宋国，司徒皇父带兵抵御。耏班驾驭皇父充石的战车，公子谷甥为车右，司寇牛父作驷乘，在长丘打败狄人，俘虏了长狄缘斯。皇父的两个儿子战死，宋公因此就把城门赏给耏班，让他征收城门税，把城门称为耏门。晋国灭亡潞国的时候，俘虏了侨如的弟弟焚如。齐襄公二年，鄋瞒进攻齐国，齐国的王子成父俘虏了侨如的弟弟荣如，把他的脑袋埋在周首的北门下边。卫国人又俘虏了侨如的弟弟简如。鄋瞒由此灭亡。

宣公六年秋季，赤狄进攻晋国，包围了怀地和邢丘。晋成公打算反攻。中行桓子说："让他危害他自己的百姓，以使他恶贯满盈，到时候大概就可以歼灭了。《周书》说'歼灭大国殷朝'，说的就是这一类的事情。"

宣公七年夏天，赤狄入侵晋国，割取了向阴的谷子。

宣公十一年，晋国的郤成子向狄人各部族谋求友好。狄人各部族憎恨赤狄对他们的役使，于是顺服晋国。秋季，在攒函会见，狄人各部族都来顺服。在这次攒函之行以前，大夫们要召集狄人前来。郤成子说："我听说，没有德行，就只能勤劳；没有勤劳，如何能要求别人服从我们？能够勤劳，就有成果，还是到狄人那里去吧。《诗》说：'文王已经做到勤劳。'文王尚且勤劳，何况缺少德行的人呢？"

宣公十三年秋季，赤狄进攻晋国，到达清地，这是先縠把他们召来的。

宣公十五年，潞子婴儿的夫人，是晋景公的姐姐。酆舒执政以后杀了她，又伤了潞子的眼睛。晋景公准备进攻他。大夫们都说："不行。酆舒有三项显著的才能，不如等待他的后任。"伯宗说："一定要进攻他。狄人有五条罪状，突出的才能虽然多，有什么益处？不祭祀，这是一。喜欢喝酒，这是二。废弃仲章而夺取黎氏的土地，这是三。杀害我们的伯姬，这是四。伤了他国君的眼睛，这是五。依仗他自己的显著才能，而不用美德，这就更增加了罪过。继任的人也许将会敬奉德义以奉事神明，而巩固国家的命运，到时又怎么对待他？不进攻有罪的人，说‘将等待后继人’，以后有了理由再去进攻，恐怕不可以吧！依仗才能和人多，这是亡国之道。商纣按这样去做，所以被灭亡。天违反时令就是灾难，地违反物性就是妖异，百姓违反道德就是祸乱。有了祸乱就有妖异和灾祸发生。所以在文字上，‘正’字反过来就是‘乏’字。前面提到的这些反常的事在狄人那里都是存在的。”晋景公听从了。六月癸卯日，晋国荀林父在曲梁打败赤狄。辛亥日，灭潞国。酆舒逃亡到卫国，卫国人把他送还给晋国，晋国人杀死了他。秋季七月壬午日，晋景公在稷地进行武装演习，以占领狄人的土地，立了黎侯然后回来。晋景公赏给桓子狄国的臣民一千家，也把瓜衍的县城赏给士伯，说：“我得到狄国的土地，是您的功劳。如果没有您，我就丧失伯氏了。”

宣公十六年春季，晋国的士会率领军队灭亡了赤狄的甲氏和留吁、铎辰。

评析

晋国与狄人之间战事频仍。由于一开始戎狄的实力强大，即使晋国打败了狄人也不敢深追他们，因为害怕报复，虢射也预言到了狄人的复仇行动。文中中行桓子以周朝取缔殷商的事例让原本打算反击的晋成王打消了这个念头。后来郤成子向狄人各部族谋求友好的时候，部分部落因不满赤狄对他们的役使，顺服晋国。真正让晋国打算收服戎狄的原因是晋景公的姐姐被杀、潞子的眼睛被伤，伯宗还列举了狄人的五项罪证，这更加坚定了晋景公收服狄人的念头，最后晋国成功收并戎狄。

晋国之所以能收并戎狄，是因为：其一，在戎狄强大的时候没有孤注一掷，而是选择了退让，一方面让他们放松警惕，给自己发展的机会；另一方面，因为征战的缘故，狄人内部已经有民怨了，而当时的统治者并不清楚这些情况，日积月累下来，最终失了民心。其二，当时晋国的统治者勤劳得民心，并且称霸，各方面都发展得很快，军事实力上升，对于戎狄的防御能力也得到提升。其三，狄人的首领只彰显自己的才能，在战胜之后不能展现自己的美德，再加上当时狄人杀了晋景公的姐姐，彻底激起了晋国与狄人之间的各种恩怨。晋国四面皆狄，既是危机，也是机遇，最终晋国通过兼并狄人，拓展了自己的疆域。从中我们可以看到，人心向背关系到一个民族的生死存亡。

四、宋襄公图伯

背景

公元前1039年，商纣王的兄长微子启受封，建立宋国。齐桓公死后，齐国霸主之位不存，宋襄公欲继承齐桓公的霸业，会盟诸侯，匡扶周室。但宋国只不过是一个中等诸侯国，国力不强。不过宋襄公有两点可以倚仗：一是他素来推行仁义，得到国人的拥护，而且在诸侯间也有贤名，算是德高望重之人；二是宋国的爵位尊贵，由于宋国是商朝王室后裔立的诸侯国，因此位居“五爵”之首的公爵之位。

宋襄公（？—前637），子姓，宋氏，名兹甫。齐桓公死后，齐国发生内乱，宋襄公率领卫国、曹国和邾国联军攻打齐国，齐人里应外合，拥立齐孝公，宋襄公因此声名鹊起。公元前639年春，宋襄公首次发起“鹿上之盟”，引起齐昭公和楚成王的不满。与楚国争霸，一度为楚国所拘。公元前638年，宋襄公讨伐郑国，与救郑的楚军展开泓水之战。楚军强大，宋襄公讲究“仁义”，要待楚军渡河列阵后再战，结果大败受伤，次年伤重而死，后葬于襄陵。

原文

僖公八年冬，宋公疾，大子兹父固请曰：“目夷长，且仁，君其立之。”公命子鱼。子鱼辞，曰：“能以国让，仁孰大焉？臣不及也，且又不顺。”遂走而退。

九年春，宋桓公卒，未葬，而襄公会诸侯，故曰“子”。凡在丧，王曰“小童”，公侯曰“子”。冬，宋襄公即位，以公子目夷为仁，使为左师以听政，于是宋治。故鱼氏世为左师。

十五年冬，宋人伐曹，讨旧怨也。

十六年春，陨石于宋，五，陨星也。六鹢退飞，过宋都，风也。周内史叔兴聘于宋，宋襄公问焉，曰：“是何祥也？吉凶焉在？”对曰：“今兹鲁多大丧，明年齐有乱，君将得诸侯而不终。”退而告人曰：“君失问。是阴阳之事，非吉凶所生也。吉凶由人，吾不敢逆君故也。”

十七年，齐桓公与管仲属孝公于宋襄公，以为大子。冬，桓公卒。易牙入，与寺人貂因内宠以杀群吏，而立公子无亏。孝公奔宋。

十八年春，宋襄公以诸侯伐齐。郑伯始朝于楚，楚子赐之金，既而悔之，与之盟曰：“无以铸兵！”故以铸三钟。夏五月，宋败齐师于甗，立孝公而还。

十九年春，宋人执滕宣公。宋公、曹人、邾人盟于曹南。鄫子会盟于邾。

夏，宋公使邾文公用鄫子于次睢之社，欲以属东夷。司马子鱼曰：“古者六畜不相为用，小事不用大牲，而况敢用人乎？祭祀，以为人也。民，神之主也。用人，其谁飨之？齐桓公存三亡国，以属诸侯，义士犹曰薄德。今一会而虐二国之君，又用诸淫昏之鬼，将以求霸，不亦难乎？得死为幸！”

秋，宋人围曹，讨不服也。子鱼言于宋公曰：“文王闻崇德乱而伐之，军三旬而不降。退修教而复伐之，因垒而降。《诗》曰：‘刑于寡妻，至于兄弟，以御于家邦。’今君德无乃犹有所阙，而以伐人，若之何？盍姑内省德乎，无阙而后动。”陈穆公请修好于诸侯，以无忘齐桓之德。冬，盟于齐，修桓公之好也。

二十年冬，宋襄公欲合诸侯。臧文仲闻之，曰："以欲从人，则可；以人从欲，鲜济。"

二十一年春，宋人为鹿上之盟，以求诸侯于楚。楚人许之。公子目夷曰："小国争盟，祸也，宋其亡乎！幸而后败。"秋，诸侯会宋公于盂。子鱼曰："祸其在此乎！君欲已甚，其何以堪之？"于是楚执宋公以伐宋。

冬，会于薄以释之。子鱼曰："祸犹未也，未足以惩君。"

二十二年春三月，郑伯如楚。

夏，宋公伐郑。子鱼曰："所谓祸在此矣。"

秋，楚人伐宋以救郑。宋公将战，大司马固谏曰："天之弃商久矣，君将兴之，弗可赦也已。"弗听。

冬十一月己巳朔，宋公及楚人战于泓。宋人既成列，楚人未既济。司马曰："彼众我寡，及其未既济也，请击之。"公曰："不可。"既济而未成列，又以告。公曰："未可。"既陈而后击之，宋师败绩。公伤股，门官歼焉。

国人皆咎公。公曰："君子不重伤，不禽二毛。古之为军也，不以阻隘也。寡人虽亡国之馀，不鼓不成列。"子鱼曰："君未知战。勍敌之人，隘而不列，天赞我也；阻而鼓之，不亦可乎？犹有惧焉。且今之勍者，皆吾敌也。虽及胡耇，获则取之，何有于二毛？明耻教战，求杀敌也；伤未及死，如何勿重？若爱重伤，则如勿伤；爱其二毛，则如服焉。三军以利用也，金鼓以声气也。利而用之，阻隘可也；声盛致志，鼓儳可也。"

二十三年春，齐侯伐宋，围缗，以讨其不与盟于齐也。

夏五月，宋襄公卒，伤于泓故也。

（节选自《左传纪事本末》 卷三十五《宋襄公图伯》）

鲁僖公八年冬，宋桓公得了重病，太子兹父再三请求说："目夷年长而且仁爱，君王应该立他为国君。"宋桓公就下令让目夷继位。目夷推谢说："能够把国家辞让给别人，还有比这更大的仁爱吗？下臣不如他，而且又不符合立君的顺序。"于是就退了出去。

九年春季，宋桓公去世，还没有下葬，宋襄公就会见诸侯，所以《春秋》称他为"子"。凡是在丧事期间，天子称为"小童"，公侯称为"子"。冬季，宋襄公做了国君，认为公子目夷仁爱，让他做左师来处理政事，宋国由此安定太平。所以目夷的后人鱼氏世世代代承袭左师的官。

十五年冬季，宋军进攻曹国，这是由于以前结下的怨恨。

十六年春季，在宋国上空坠落五块石头，这是坠落的星星。六只鹢鸟后退着飞，经过宋国国都，这是因为风太大的缘故。成周的内使叔兴在宋国聘问，宋襄公询问这两件事，说："这是什么预兆？吉凶在于哪里？"叔兴回答说："今年鲁国多有大的丧事，明年齐国有动乱，君王将会得到诸侯拥护却不能保持到最后。"退下来告诉别人说："国君询问得不恰当。这是有关阴阳的事情，人事吉凶与此无关。吉凶由人的行为所决定，我这样回答是因为不敢违背国君的缘故。"

十七年，齐桓公和管仲把孝公托付给宋襄公，以他为太子。冬季，齐桓公去世。易牙进宫，和寺人貂依靠那些内宠的权贵而杀死一批官吏，立公子无亏为国君。孝公逃亡到宋国。

十八年春季，宋襄公率领曹共公等攻打齐国。郑文公开始到楚国朝见，楚成王把铜赐给他，不久又后悔，和他盟誓说："不要拿来铸造武器！"所以郑文公用它铸造了三座钟。夏季，五月，宋国在甗地打败了齐国，立了孝公，然后回国。

十九年春季，宋人抓住了滕宣公。宋襄公、曹人、邾人在曹南会盟。鄫子在邾地会盟。

夏季，宋襄公让邾文公杀死鄫子来祭祀次睢的土地神，想因此使东夷来降附。司马子鱼（目夷）说：“古代的六畜不相互用来祭祀，小的祭祀都不杀大的牲畜，更何况怎敢用人呢？祭祀是为了民众的。民众，是神的主人。杀人祭祀，哪个神会享用？齐桓公保护三个将要灭亡的国家，以使诸侯归附，仁义之士竟然说他缺少德行。而今刚一会盟就虐杀两个国家的国君，又用他们来祭祀邪恶昏庸之鬼，想用这种方式求得霸业，不是难上加难吗？能够得到善终就是幸运的了！”

秋季，曹国不顺服，于是宋国出兵将曹国围住。子鱼对宋公说：“文王听到崇国德行昏乱而去攻打，打了三十天，崇国不投降。退兵回国，修明教化，再去攻打，文王就驻扎在过去所筑的营垒里，崇国就投降了。《诗》说：‘在嫡妻面前做出示范，由此而作为兄弟们的表率，以此来治理一家一国。’现在君王的德行恐怕还有所欠缺，而以此攻打曹国，能把它怎么办？何不姑且退回去自己检查一下德行，等到没有欠缺了再采取行动。”陈穆公请求在诸侯间重新建立友好关系，表示不忘齐桓公的德行。冬季，在齐国会盟，重新建立齐桓公时代的友好关系。

二十年冬季，宋襄公想要会合诸侯。臧文仲听到了，说：“以自己的欲望顺从他人的需求是可以的，让他人顺从自己的欲望则很难成功。”

二十一年春季，宋国和齐国、楚国在鹿上举行了会盟，宋国便向楚国要求当时归附楚国的中原诸侯奉自己为盟主，楚国答应了。公子目夷说：“小国争当盟主，这是灾祸，宋国或许会被灭亡吧！失败得晚一些，就算幸运的了。”秋季，楚成王、陈穆公、蔡庄公、郑文公、许僖公、曹共公在盂地会见宋襄公。子鱼说：“祸根子就在这里吧！国君称霸的欲望太过分，宋国将怎样承受这严重的后果啊？”楚成王在盂之盟上俘虏了宋襄公，并讨伐宋国。

冬季，诸侯在薄地会盟，楚国释放了宋襄公。子鱼说：“祸事还没有完，这次失败尚不足以惩戒宋襄公，不会让他放弃称霸的野心。”

二十二年三月，郑文公到楚国去。

夏季，宋襄公进攻郑国。子鱼说：“宋国要祸事临头了。”

秋季，楚军进攻宋国以救援郑国。宋襄公准备应战，大司马公孙固劝阻说：“上天抛弃我们商朝后代已经很久了，您想复兴它，这是违背天意而不能被赦免的。”宋襄公不听。

冬季，十一月初一日，宋襄公与楚军在泓水边上作战。宋军已经排成队列，楚军还没有全部渡过河。司马子鱼劝宋襄公说：“楚军人多，我军人少，趁他们还没有全部渡过河，请君王下令攻击他们。”宋襄公说：“不行。”楚军渡过河还未排开阵势，司马子鱼又劝宋襄公进攻，宋襄公说：“还不行。”等楚军摆开阵势，宋襄公才下令进攻，结果宋军大败，宋襄公的大腿受了箭伤，跟随宋襄公的护卫官都被杀死了。

宋国人都责怪宋襄公。宋襄公说：“君子是不忍心伤害已经受了伤的敌人的，不擒捉头发花白的敌人。古人行军打仗，不靠关塞险阻取胜。我虽是殷商亡国的后裔，也不攻击没有摆开阵势的敌人。”子鱼说：“您不懂怎么打仗。强大的敌人，由于地形狭隘而没有摆开阵势，这是上天在帮助我们；拦截并攻击他们，怎么不可以呢？我还怕打不赢呢！再说这些强大的士兵，都是我们的敌人。即使是年纪很大的人，抓到了就是俘虏，管什么头发花白不花白。训练士兵，先让他们明白国耻之心，然后教他们战术，就是为了杀死敌人；敌人受了伤，还没有死，怎么就不可以再杀伤他呢？您如果舍不得再伤害他，还不如一开始就不伤害他；如果怜悯那些头发花白的人，就干脆向他们投降。军队打仗，就应抓住有利时机作战，鸣金、击鼓，是用来鼓舞士气的。敌人在险隘之处，正是可利用的时机；鼓声大作，激发士气，攻击没有摆开阵势的敌人，完全是应该的啊！”

二十三年春季，齐孝公发兵进攻宋国，包围缗地，讨伐宋国不到齐国参加会盟。

夏季，五月，宋襄公死了，这是由于在泓地战役中受伤的缘故。

评析

宋襄公是历史上颇有争议的一个人物，赞美者认为他仁义有信，具有贵族精神；批评者认为他虚伪残暴，是假道学的典型。宋襄公早年有让国之贤，积极维护齐国的霸权，在齐国内乱时又能践行承诺，拥立齐孝公。但他不知变通，好名无实，即使在被楚国释放后还不知收敛，不听目夷的劝告，发动了宋楚泓水之战。战斗中，没有采取目夷的正确主张，终于招致失败，自己也受了致命伤，霸业成空。他最大的问题在于“不修德，而疲弊其民以求诸侯”（苏轼《东坡全集·论十二首》），“凌虐邾、鄫之君，争郑以怒楚”（苏辙《栾城后集·历代论》），“无义师之实而欲假义师之名，虑敌之不周，防患之不密，以致身殒国丧”（钱时《两汉笔记》卷一）。所以毛泽东说：“我们不是宋襄公，不要宋襄公那种蠢猪式的仁义道德。”（《论持久战》）

子鱼曾多次劝过宋襄公，说小国称霸是祸事。公孙固还对宋襄公说过一句话：“天之弃商久矣，君将兴之，弗可赦也已。”可见宋襄公的终极目标，竟是复兴商朝，建立属于自己的天下，真可谓是个心比天高的空想主义者。

五、吴通上国

背景

周太王生有长子泰伯、次子仲雍和小儿子季历。季历的儿子昌聪明早慧，深受太王宠爱。泰伯明白周太王想传位于昌，就和仲雍逃到江南，建立了勾吴国。周朝建立，泰伯第三世孙周章被封为侯，改国号为吴。春秋初期，楚国军事实力增强，逐步侵蚀中原诸国，从而发生了齐桓公尊王攘楚，宋楚泓水之战，晋楚泓水之战、邲之战、鄢陵之战。公元前 546 年，宋国第二次约合晋、楚（弭兵），商定中小国家此后要对晋、楚同样纳贡。晋、楚两国平分了霸权。中原霸主晋国出使南方的吴国，邀请吴国夹击楚蛮。公元前 506 年，吴国大举讨伐楚国，节节胜利，一直打到楚都。从此，楚国的国力大大削弱。

原文

成公七年春，吴伐郯，郯成。季文子曰："中国不振旅，蛮夷入伐，而莫之或恤，无吊者也夫！《诗》曰：'不吊昊天，乱靡有定。'其此之谓乎！有上不吊，其谁不受乱？吾亡无日矣。"君子曰："知惧如是，斯不亡矣。"

楚围宋之役，师还，子重请取于申、吕以为赏田，王许之。申公巫臣曰："不可。此申、吕所以邑也，是以为赋，以御北方。若取之，是无申、吕也，晋、郑必至于汉。"王乃止。子重是以怨巫臣。子反欲取夏姬，巫臣止之。遂取以行，子反亦怨之。及共王即位，子重、子反杀巫臣之族子阎、子荡及清尹弗忌及襄老之子黑要，而分其室。子重取子阎之室，使沈尹与王子罢分子荡之室，子反取黑要与清尹之室。巫臣自晋遗二子书，曰："尔以谗慝贪婪事君，而多杀不辜，余必使尔罢于奔命以死。"

申公巫臣请使于吴，晋侯许之。吴子寿梦说之，乃通吴于晋，以两之一卒适吴，舍偏两之一焉。与其射御，教吴乘车，教之战陈，教之叛楚。置其子狐庸焉，使为行人于吴。吴始伐楚、伐巢、伐徐，子重奔命。马陵之会，吴入州来，子重自郑奔命。子重、子反于是乎一岁七奔命。蛮夷属于楚者，吴尽取之，是以始大，通吴于上国。

八年秋，晋侯使申公巫臣如吴。冬，晋士燮来聘，言伐郯也，以其事吴故。公赂之，请缓师。文子不可，曰："君命无贰，失信不立。礼无加货，事无二成。君后诸侯，是寡君不得事君也。燮将复之。"季孙惧，使宣伯帅师会伐郯。

九年春，会于蒲。是行也，将始会吴，吴人不至。

十五年十一月，会吴于钟离，始通吴也。

（节选自《左传纪事本末》 卷四十九《吴通上国》）

译文

鲁成公七年的春天，吴国讨伐郯国，郯国和吴国讲和。季文子说："中原地区的诸个国家不能震慑蛮夷，蛮夷进来讨伐，却没有人对此感到担忧，这是因为没有好国君的缘故啊！《诗》说：'没有管理者管理，动乱就没有安定的时候。'大概说的就是这种情况了吧！有了管理者但是不管理，还有谁能不遭遇动乱呢？我们很快就会灭亡了啊。"君子说：

“像这样知道忧患，就不会灭亡了吧。”

楚国包围宋国的那一次战役，楚国的军队回国，子重请求获取申、吕两地作为赏赐的土地。楚王同意了。申公巫臣说：“不行。申、吕两地之所以能成为城邑，是因为从这里征发兵赋，可以抵御北方。如果子重获取了它们，就没有申邑和吕邑了，晋国和郑国必定可以到达汉水。”楚王于是没有赏赐申、吕二地。子重因此而怨恨巫臣。子反想要迎娶夏姬，巫臣阻止了他，自己反而娶了夏姬逃到晋国，子反也因此而怨恨巫臣。等到楚共王即位，子重、子反杀了巫臣的族人子阎、子荡和清尹弗忌以及襄老的儿子黑要，并且瓜分他们的家产。子重夺取了子阎的家产，让沈尹和王子夺取子荡的家产，子反夺取黑要和清尹弗忌的家产。巫臣从晋国写信给子反、子重两个人，信上说：“你们用邪恶贪婪侍奉国君并且杀了很多无罪的人，我必定要让你们疲于奔命而死。”

申公巫臣请求出使到吴国去，晋公同意了。吴子寿梦也欣赏他，于是巫臣带领了晋国的三十辆兵车到吴国做教练，留下十五辆兵车给吴国。送给吴国的射手和御者教吴国人使用兵车，教他们安排战阵，让他们背叛楚国。巫臣又把自己的儿子狐庸留在那里，让他在吴国做外交官。吴国开始讨伐楚国、巢国、徐国，子重奉楚王的命令奔走周旋。在马陵会见的时候，吴军进入州来，子重从郑国奉命赶去救援。子重、子反在这种情况下，一年之中七次奉命奔驰以抵御吴军。蛮夷是归属于楚国的，吴国全部占取，因此吴国开始强大，得以和中原诸国往来。

成公八年秋季，晋景公派遣申公巫臣出使吴国。冬季，晋国的士燮前往鲁国聘问，声称要讨伐郯国，这是因为郯国侍奉吴国的缘故。鲁成公贿赂他，请求从缓进兵。士燮不答应，说：“国君的命令说一不二，失去信义则难以自立。除规定的礼物外，不应该额外增加钱币，公事私事不能两全其美。君王后于诸侯出兵，这样寡君就不能侍奉君王了。燮打算就这样向寡君回复。”季孙听了这话很害怕，派宣伯率兵会合进攻郯国。

成公九年春季，晋国在蒲地会见诸侯。晋国召集的这一次会议，是首次邀请吴国，吴国人没有来。

成公十五年十一月，在钟离会见吴国，这是和吴国友好往来的开始。

吴国在巫臣的辅助下逐渐走向强大，逐步占取原本属于楚国的蛮夷，从一个地处偏僻的小国逐渐成长为与群雄平起平坐的泱泱大国。吴国利用一些别人不在意的资源来充实自己，这就是一种很巧妙的谋求生存发展之道。

孟子曰："生于忧患，死于安乐。"在子重向楚王求取赏赐的时候，巫臣为了国家的发展而制止了楚王。巫臣向莒国借路，站在护城河上，他向莒国国君渠丘公提出城墙损坏太严重，难以御敌，渠丘公认为莒国地处偏僻，不会有人攻打自己，而巫臣却劝他，没有一个大国是不贪婪的，勇敢的人尚且还要层层关紧门窗，更何况是弱小的呢。这无一不体现出巫臣始终秉承着"生于忧患，死于安乐"这个思想，深谋远虑，让人信服。

六、勾践灭吴

背景

春秋末年，正当中原各诸侯国争霸之际，吴、越两国兴起于现在的江苏南部和浙江一带。最初，吴国较强，越国较弱，晋国曾联吴制楚，而楚国则联越制吴，吴、越两国成了世仇。公元前496年，吴王阖闾攻越，结果受伤而死，死前叮嘱儿子夫差一定要报仇。公元前494年，吴、越大战于五湖夫椒，越王勾践兵败会稽，濒于亡国。后来，勾践卧薪尝胆，十年生聚，转弱为强。而吴国君昏臣佞，不顾人民的困苦，战争频仍。公元前482年，夫差亲自带领大军北上，与晋国争夺诸侯盟主，越王勾践趁吴国精兵在外，突然袭击，一举打败吴军，杀了太子友。公元前473年，勾践第二次亲自带兵攻打吴国。夫差见求和不成，后悔没有听伍子胥的忠告，非常羞愧，就拔剑自杀了。

原文

昭公三十二年夏，吴伐越，始用师于越也。史墨曰：“不及四十年，越其有吴乎！越得岁而吴伐之，必受其凶。”

定公五年，越入吴，吴在楚也。

十四年，吴伐越，越子勾践御之，陈于槜李。勾践患吴之整也，使死士再禽焉，不动。使罪人三行，属剑于颈，而辞曰："二君有治，臣奸旗鼓，不敏于君之行前，不敢逃刑，敢归死。"遂自刭也。师属之目，越子因而伐之，大败之。灵姑浮以戈击阖庐，阖庐伤将指，取其一屦。还，卒于陉，去槜李七里。夫差使人立于庭，苟出入，必谓己曰："夫差！而忘越王之杀而父乎？"则对曰："唯，不敢忘。"三年乃报越。

哀公元年春，吴王夫差败越于夫椒，报槜李也。遂入越。越子以甲楯五千保于会稽，使大夫种因吴大宰嚭以行成。吴子将许之。伍员曰："不可。臣闻之：'树德莫如滋，去疾莫如尽。'昔有过浇杀斟灌以伐斟鄩，灭夏后相。后缗方娠，逃出自窦，归于有仍，生少康焉，为仍牧正。惎浇，能戒之。浇使椒求之，逃奔有虞，为之庖正，以除其害。虞思于是妻之以二姚，而邑诸纶。有田一成，有众一旅，能布其德，而兆其谋，以收夏众，抚其官职。使女艾谍浇，使季杼诱豷，遂灭过、戈，复禹之绩。祀夏配天，不失旧物。今吴不如过，而越大于少康，或将丰之，不亦难乎？勾践能亲而务施，施不失人，亲不弃劳。与我同壤，而世为仇仇。于是乎克而弗取，将又存之，违天而长寇仇，后虽悔之，不可食已。姬之衰也，日可俟也。介在蛮夷，而长寇仇，以是求伯，必不行矣。"弗听。退而告人曰："越十年生聚，而十年教训，二十年之外，吴其为沼乎！"三月，越及吴平。吴入越，不书，吴不告庆，越不告败也。

十三年，公会单平公、晋定公、吴夫差于黄池。

夏六月丙子，越子伐吴，为二队。畴无馀、讴阳自南方，先及郊。吴大子友、王子地、王孙弥庸、寿于姚自泓上观之。弥庸见姑蔑之旗，曰："吾父之旗也。不可以见仇而弗杀也。"大子曰："战而不克，将亡国。请待之。"弥庸不可，属徒五千，王子地助之。乙酉，战，弥庸获畴无馀，地获讴阳。越子至，王子地守。丙戌，复战，大败吴师，获大子友、王孙弥庸、寿于姚。丁亥，入吴。吴人告败于王。王恶其闻也，自刭七人于幕下。

秋七月辛丑，盟，吴、晋争先。吴人曰："于周室，我为长。"晋人曰："于姬姓，我为伯。"赵鞅呼司马寅曰："日旰矣，大事未成，二臣之罪也。建鼓整列，二臣死之，长幼必可知也。"对曰："请姑视之。"反，曰："肉食者无墨。今吴王有墨，国胜乎？大子死乎？且夷德轻，不忍久，请少待之。"乃先晋人。

吴人将以公见晋侯，子服景伯对使者曰："王合诸侯，则伯帅侯牧以见于王；伯合诸侯，则侯帅子男以见于伯。自王以下，朝聘玉帛不同。故敝邑之职贡于吴，有丰于晋，无不及焉，以为伯也。今诸侯会，而君将以寡君见晋君，则晋成为伯矣。敝邑将改职贡。鲁赋于吴八百乘；若为子男，则将半邾以属于吴，而如邾以事晋。且执事以伯召诸侯，而以侯终之，何利之有焉？"吴人乃止。既而悔之，将囚景伯。景伯曰："何也立后于鲁矣，将以二乘与六人从，迟速唯命。"遂囚以还。及户牖，谓大宰曰："鲁将以十月上辛有事于上帝先王，季辛而毕。何世有职焉，自襄以来，未之改也。若不会，祝宗将曰：'吴实然。'且谓鲁不共，而执其贱者七人，何损焉？"大宰嚭言于王曰："无损于鲁，而只为名，不如归之。"乃归景伯。

吴申叔仪乞粮于公孙有山氏，曰："佩玉繠兮，余无所系之。旨酒一盛兮，余与褐之父睨之。"对曰："粱则无矣，粗则有之。若登首山以呼曰'庚癸乎'，则诺。"

王欲伐宋，杀其丈夫而囚其妇人。大宰嚭曰："可胜也，而弗能居也。"乃归。

冬，吴及越平。

（鲁哀公）二十年秋，吴公子庆忌骤谏吴子，曰："不改，必亡。"弗听。出居于艾，遂适楚。闻越将伐吴，冬，请归平越，遂归。欲除不忠者以说于越，吴人杀之。

十一月，越围吴，赵孟降于丧食。楚隆曰："三年之丧，亲昵之极也。主又降之，无乃有故乎？"赵孟曰："黄池之役，先主与吴王有质，曰：‘好恶同之。’今越围吴，嗣子不废旧业而敌之，非晋之所能及也，吾是以为降。”楚隆曰：“若使吴王知之，若何？”赵孟曰：“可乎？”隆曰：“请尝之。”乃往。先造于越军，曰：“吴犯间上国多矣，闻君亲讨焉，诸夏之人莫不欣喜，唯恐君志之不从。请入视之。”许之。告于吴王曰：“寡君之老无恤使陪臣隆敢展谢其不共。黄池之役，君之先臣志父得承齐盟，曰：‘好恶同之。’今君在难，无恤不敢惮劳，非晋国之所能及也，使陪臣敢展布之。”王拜稽首，曰：“寡人不佞，不能事越，以为大夫忧，拜命之辱。”与之一箪珠，使问赵孟，曰：“勾践将生忧寡人，寡人死之不得矣。”王曰：“溺人必笑，吾将有问也。史黯何以得为君子？”对曰：“黯也进不见恶，退无谤言。”王曰：“宜哉！”

二十二年冬十一月丁卯，越灭吴，请使吴王居甬东。辞曰：“孤老矣，焉能事君？”乃缢。越人以归。

（节选自《左传纪事本末》卷五十一《勾践灭吴》）

译文

鲁昭公三十二年夏季，吴国进攻越国，开始对吴国用兵。史墨说：“用不了四十年，越国大概就会占有吴国！越国得到岁星的照临而吴国进攻它，必然受到岁星降下的灾祸。”

鲁定公五年，越军进入吴国，这是由于吴军在楚国。

十四年，吴王阖闾发兵攻打越国，越王勾践亲自率兵抵抗。当时越军在槜李严阵以待。勾践因吴国军队齐整而感到担忧，便派遣敢死之士两次冲击吴国军队，但吴军丝毫没有动摇。又让获罪的人排成三排，将剑放在脖子上，并致辞说：“两个国家的君主用兵，臣子违背了军令，在君主阵列之前显露出了不聪慧，不敢逃避刑罚，斗胆以这样的方式求得一死。”于是自刎而死。吴国的军队都看到了这一场景，越王则趁机攻打他们，大败吴军。灵姑浮用戈攻击阖闾（一作阖庐），阖闾伤到了脚趾，灵姑浮得到了阖闾的一只草鞋。吴王阖闾撤兵，死在了陉地，和檇李相距七里。阖闾的儿子夫差让人站在庭院中，夫差出入的时候，这个人一定对夫差说："夫差！你忘了越王杀掉你的父亲了吗？"夫差便回答说："是，不敢忘记！"三年之后，夫差向越国报仇。

鲁哀公元年春季，吴王夫差在夫椒打败越军，报了檇李之仇。于是攻入越国。越王勾践率领五千披甲持盾的兵士在会稽山坚守，并派大夫文种通过吴国太宰嚭向吴王求和。吴王打算答应越国的请求。伍员说："万万不可。我听说：'树立德行愈滋长愈好，祛除疾病愈彻底愈好。'从前过国的浇，杀了斟灌又攻打斟鄩，灭了夏后相。夏后相的妻子后缗刚好怀有身孕，便从小洞出逃了，回到了有仍国，生下了少康；少康在有仍国为牧正之长。少康对浇极为痛恨，并对他很是戒备。浇让椒去寻找少康，少康出逃到有虞国，做了有虞国掌管饮食的官员，以免除灾患。有虞的酋长虞思将两个女儿嫁给少康为妻，并且把纶地封赏给他。少康拥有方圆十里的田地、五百人的兵力，能广施恩德，并开始实施复国计划。他聚拢夏朝时期的旧属，并安抚他们的官员，派遣女艾到浇那里去做间谍，派季杼去引诱浇的弟弟豷。于是灭了过国、戈国，复兴了夏禹时候的功绩。少康祭祀夏朝的祖先和上天，维护了夏朝的天命。现在吴国不如过国，而越国大于少康，如果因求和而让越国不断壮大，吴国岂不难办了吗？越王勾践能够亲近他的臣民而且致力于施与恩惠，施与恩惠从不失掉应该施与的人，亲近臣民从不抹杀有功劳的人。越国和我国土地相连，而又世世代代是仇敌。现在我们战胜越国，不但不加以消灭，反而打算保全它，这是违背天意而助长仇敌，将来后悔也来不及了。姬姓的式微，为时不远了。我国处在蛮夷之间，却又助长自己的仇敌，用这样的办法来求取霸业，必定是办不到的。"吴王夫差不听。伍员退下后告诉别人说："越国用十年时间繁衍人口、积聚物资，再用十年时间教导百姓、训练士兵，二十年之后，吴国将要沦为沼地了！"三月，越国和吴国讲和。吴国攻入越国，《春秋》一书中并没有记载，这是由于吴国没有报告胜利，越国没有报告失败。

鲁哀公十三年，哀公在黄池会见单平公、晋定公、吴王夫差。

夏季六月十一日，越王勾践攻打吴国，兵分两路夹击。越国的畴无馀、讴阳从南面出发，先行到达吴国都城郊外。吴国的太子友、王子地、王孙弥庸、寿于姚从泓水地区观察越军。弥庸看见了姑蔑的旗子，说："那是我父亲的旗子。我不能见到仇人而不杀死他们。"太子友说："如果作战不能取胜，将会亡国。请等一等。"王孙弥庸不同意，集合部下五千人出战，王子地在一旁协助他。二十日，两军交战，弥庸俘虏了畴无馀，王子地俘虏了讴阳。越王勾践率军到达，王子地防守。二十一日，两军再次交战，越军大败吴军，俘虏了太子友、王孙弥庸、寿于姚。二十二日，越军进入吴国。吴国人向吴王报告了战败的消息。吴王担心诸侯听到这个消息，便亲自将前后来报信的七个人杀死在帐幕里面。

秋季，七月初六日，举行会盟，吴国、晋国争着先歃血。吴国人说："从周王室的角度来说，我是长者。"晋国人说："从姬姓来说，我是长者。"赵鞅对司马寅说："天色已经晚了，订立盟约的事情还没有完成，这是我们两个人的罪过。整顿军队，竖立旗帜，我们两个人就作战到死，这样就能够知道长幼次序了。"司马寅说："请你暂且让我去查看一番。"司马寅回来后，说："高贵的人脸上气色不晦暗。如今吴王的气色晦暗，他的国家被其他国家打败了吗？太子死了吗？并且夷人性情浮躁，不会忍太久的，请稍微等一等吧。"于是吴国人便先让晋国人歃血。

吴国人要带领哀公进见晋定公，子服景伯对使者说："天子会合诸侯，那么诸侯之长就率领诸侯进见天子；诸侯之长会合诸侯，那么侯就率领子、男进见诸侯领袖。从天子以下，朝聘时所用的玉帛也不相同。所以敝邑进贡给吴国的，要比晋国丰厚，而没有不如的，因为把吴国作为诸侯的领袖。现在诸侯会见，而君王准备带领寡君进见晋君，那么晋国就成为诸侯的领袖了。敝邑将会改变进贡的数量。鲁国按照侯爵的标准进贡八百辆战车给贵国；如果变成子、男的标准，那么将会按邾国战车数量的一半侍奉贵国，而按邾国战车的数量来侍奉晋国。而且执事以诸侯之长的身份召集诸侯，而以一般诸侯的身份结束，这有什么好处呢？”吴国人就没有那么做。不久又后悔了，准备囚禁景伯。景伯说：“我已经在鲁国立了继承人了，打算带两辆车子和六个人跟随去，早走晚走听你们的命令。”吴国人就囚禁了景伯并带回去。到达户牖，景伯对太宰嚭说：“鲁国将要在十月的第一个辛日祭祀天帝和先王，最后一个辛日完毕。子服氏世世代代都在祭祀中担任一定的职务，从鲁襄公以来没有改变过。如果我不参加，祝宗将会说：‘是吴国让他这样的。’而且贵国认为鲁国不恭敬，却只逮捕了他们七个卑微的人，这对鲁国有什么损害呢？”太宰嚭对吴王说：“对鲁国没有损害，而只能造成坏名声，不如放他回去。”于是就释放了景伯。

吴国的申叔仪到公孙有山氏那里讨粮食，说：“佩玉垂下来啊，我没有地方系住。甜酒一杯啊，我与那贫苦的老头斜视着。”公孙有山氏回答说：“细粮已经没了，粗粮还有一些。如果你登上首山喊‘庚癸乎’，就有人给你送粮食了。”

吴王夫差想要攻打宋国，准备杀死那里的男人而囚禁妇女。太宰嚭说：“我们虽然可以战胜，但不能在那里久留。”吴王这才回国。

冬季，吴国和越国讲和。

（鲁哀公）二十年秋，吴国的公子庆忌屡次劝谏吴王说：“如果不改变政令，一定亡国。”吴王不听。庆忌离开国都住在艾地，后来又去了楚国。庆忌听说越国准备进攻吴国，冬季，请求回国和越国讲和，于是就回吴国了。庆忌想要除掉不忠的人来讨越国的喜欢，吴国人便杀了他。

十一月，越国军队包围了吴国，赵孟的饮食标准比居丧时的饮食标准还要降等。楚隆说：“三年的守丧，已经让哀思达到了极点。现在您又降低了自己的饮食标准，恐怕是另有原因吧？”赵孟说：“黄池那一次盟会，先主和吴王有过盟誓，说：‘好恶都一同承担。’如今越国包围吴国，我不能废弃昔日的誓言，想要帮助吴国抵御越国，但这又不是晋国的力量所能够做得到的，我因此只能降低饮食标准来表示心意。”楚隆说：“如果让吴王知道这些，怎么样？”赵孟说：“可以吗？”楚隆说：“请试一试。”于是便前去。先到越军那里，说：“吴国多次冒犯中原诸国，听说君王您亲自讨伐它，中原的诸侯国莫不欢欣鼓舞，唯恐君王的意愿不能实现。请让我前往吴国视察一番。”越王答应了。楚隆对吴王说：“寡君的老臣赵无恤让我为了他的不恭敬前来请罪。黄池那一次结盟，君王的先臣志父（赵鞅）得以参加盟会，盟誓说‘好恶都一同承担’。现在君王处在危难之中，赵无恤不敢害怕辛劳，只是这不是晋国的力量所能够做到的，所以派人前来告诉这一情况。”吴王拜谢稽首说：“寡人没有才能，不能侍奉越国，让大夫担忧了，拜谢他的好意。”吴王给了楚隆一盒珍珠，让他送给赵孟，说：“勾践准备让我生活在担忧之中，我是没有办法得以善终了。”吴王又说：“溺水的人一定会强作笑颜，我还有问题要问。史黯凭什么能够成为君子呢？”楚隆回答说：“史黯做官的时候没有人厌恶他，退隐的时候也没有人诽谤他。”吴王说：“说得正是啊！”

二十二年冬季，十一月二十七日，越国灭亡吴国，请求让吴王住在甬东。吴王辞谢说：“我老了，哪里还能侍奉君王？”于是上吊自杀了。越国人把他的尸体送了回去。

评析

在大是大非、事关国家前途命运的关键时刻，方能显示出历史人物的卓见、才华和品性。伍子胥深谋远虑，一番兴霸良言，精湛深刻、一针见血，极具预见性。但遗憾的是，自矜功伐的吴王夫差，利令智昏，据傲轻敌，一心北进中原，争当盟主。太宰嚭是个鼠目寸光、贪色受贿的误国之人。他的姑息之论，荒谬迂腐，愚不可及，不仅仅是“妇人之仁”，而且极具迷惑性。吴王近佞远贤，非但没有乘胜灭越，扩大战果，反而放勾践返回越国，放虎归山，使越国有了韬光养晦、休养生息、东山再起的时机。

勾践能从失败中再次崛起，败而不馁，勇于承认错误，善于检讨，并且积极改正，虚心听取别人的建议，知人善任，对内体恤百姓，与百姓同甘共苦，礼贤下士，重用人才；对外能够忍辱负重，麻痹吴王夫差，以图东山再起。勾践是一个成功的君王、成熟的政治家。勾践灭吴之后，越国的势力范围一度北达齐鲁，东濒东海，西达今皖淮、赣鄱，雄踞东南，成为当时一个不可忽视的大国。

宫廷篡逆与名分斗争

一、郑庄克段于鄢

背景

郑国是西周末年周宣王时代建立的一个国家，郑庄公的父亲是郑武公，曾经参与护送周平王东迁。春秋时期，周王室逐渐式微，各诸侯国之间开始了互相兼并的战争，各国内部统治者之间争夺权势的斗争也加剧起来。为了争夺王位，骨肉至亲成为仇敌。鲁隐公元年（前 772），郑国国君之弟共叔段，谋划夺取哥哥郑庄公的君位，庄公发现后，巧施心计，采取欲擒故纵的手段，诱使共叔段得寸进尺，愈加骄横，然后在鄢地打败了共叔段，使他“出奔”。

原文

（隐公元年）初，郑武公娶于申，曰武姜，生庄公及共叔段。庄公寤生，惊姜氏，故名曰“寤生”，遂恶之。爱共叔段，欲立之，亟请于武公，公弗许。及庄公即位，为之请制。公曰：“制，岩邑也，虢叔死焉。他邑唯命。”请京，使居之，谓之京城大叔。祭仲曰：“都，城过百雉，国之害也。先王之制：大都，不过参国之一；中，五之一；小，九之一。今京不度，非制也，君将不堪。”公曰：“姜氏欲之，焉辟害？”对曰：“姜氏何厌之有？不如早为之所，无使滋蔓。蔓，难图也。蔓草犹不可除，况君之宠弟乎？”公曰：“多行不义，必自毙，子姑待之。”

既而大叔命西鄙、北鄙贰于己。公子吕曰：“国不堪贰，君将若之何？欲与大叔，臣请事之；若弗与，则请除之，无生民心。”公曰：“无庸，将自及。”大叔又收贰以为己邑，至于廪延。子封曰：“可矣！厚将得众。”公曰：“不义不昵，厚将崩。”

大叔完聚，缮甲兵，具卒乘，将袭郑。夫人将启之。公闻其期，曰：“可矣！”命子封帅车二百乘以伐京，京叛大叔段。段入于鄢，公伐诸鄢。五月辛丑，大叔出奔共。

书曰：“郑伯克段于鄢。”段不弟，故不言弟；如二君，故曰克；称郑伯，讥失教也；谓之郑志，不言出奔，难之也。

遂置姜氏于城颍，而誓之曰：“不及黄泉，无相见也！”既而悔之。颍考叔为颍谷封人，闻之，有献于公。公赐之食，食舍肉。公问之。对曰：“小人有母，皆尝小人之食矣，未尝君之羹，请以遗之。”公曰：“尔有母遗，繄我独无！”颍考叔曰：“敢问何谓也？”公语之故，且告之悔。对曰：“君何患焉？若阙地及泉，隧而相见，其谁曰不然？”公从之。公入而赋：“大隧之中，其乐也融融！”姜出而赋：“大隧之外，其乐也泄泄！”遂为母子如初。

君子曰：“颍考叔，纯孝也。爱其母，施及庄公。《诗》曰：‘孝子不匮，永锡尔类。’其是之谓乎！”

（节选自《左传纪事本末》卷四十一《郑庄强国》）

译文

（鲁隐公元年）当初，郑武公娶了一个申国的女子，叫武姜。她生了庄公和共叔段。庄公出生时，脚先出来，武姜受到惊吓，因此给他取名叫“寤生”，武姜很讨厌他。武姜偏爱共叔段，想立共叔段为太子，多次向武公请求，武公都不答应。到庄公即位的时候，武姜就替共叔段请求分封到制邑去。庄公说："制邑是个险要的地方，虢叔就死在那里，其他的地方任他挑选吧。"武姜便请求把京邑封给共叔段，庄公答应了，让共叔段住在那里，称他为"京城大叔"。大夫祭仲说："分封的都城如果超过三百丈，那就会是国家的祸害。先王的制度规定：国内最大的城邑不能超过国都的三分之一，中等的不得超过国都的五分之一，小的不能超过国都的九分之一。现在，京邑的城墙不符合规定，不是祖制所允许的，这样下去您会控制不住的。"庄公说："姜氏想要这样，我怎能躲开这种祸害呢?"祭仲回答说："姜氏哪有满足的时候！不如及早处置，别让祸根滋长蔓延，一旦滋长蔓延就难办了。蔓延开来的野草尚且难以铲除干净，何况是您受宠爱的弟弟呢?"庄公说："多做不义的事情，必定会自己垮台，你姑且等着瞧吧。"

过了不久，共叔段命令西部和北部边境既听庄公的命令，又听自己的命令。公子吕说："国家不能忍受这种两面听命的情况，现在您打算怎么办？您如果打算把郑国交给共叔段，那么我就去侍奉他；如果不给，那么就请除掉他，不要让老百姓产生其他想法。"庄公说："不用除掉他，他会自食其果的。"共叔段又把两属的边邑改为自己统辖的地方，一直扩展到廪延。子封（公子吕）说："可以行动了！土地扩大了，他将得到老百姓的拥护。"庄公说："多行不义之事，别人就不会亲近他，土地虽然扩大了，他也会垮台的。"

共叔段修理城郭，储备粮草，补充武器装备，充实步兵车兵，准备偷袭郑国。武姜打算开城门做内应。庄公打听到共叔段偷袭的时间，说："可以出击了！"庄公命令子封率领二百辆战车讨伐京邑，京邑的老百姓反对共叔段。共叔段于是逃到鄢城，庄公又追到鄢城讨伐他。五月辛丑那一天，共叔段逃到共国。

《春秋》记载道："郑伯克段于鄢。"共叔段不遵守做弟弟的本分，所以不说他是庄公的弟弟；兄弟俩如同两个国君一样，所以用"克"字；称庄公为"郑伯"，是讥讽他对弟弟失教；赶走共叔段是出于郑庄公的本意，便不写共叔段自动出奔，这么记载含有责难郑庄公的意思。

庄公把武姜安置在城颍，并且发誓说："不到黄泉，不再相见！"不久后，庄公后悔了。当时颍考叔在颍谷做边疆护卫长官，他听到这件事，就献给庄公一些东西。庄公赏赐他食物。颍考叔在吃饭的时候，把肉留着。庄公问他为什么这样。颍考叔答道："我有母亲，我孝敬她的食物，她都尝过，只是从未尝过君王的肉羹，请让我带回去送给她吃。"庄公说："你有母亲可以孝敬，唉，唯独我就没有！"颍考叔说："请问这是什么意思？"庄公把原因告诉了他，还告诉他自己很后悔。颍考叔回答道："您有什么可忧虑的呢？只要挖一条地道，挖出了泉水，在地道中相见，谁还说您违背了誓言？"庄公听从了他的建议。庄公走进地道去见武姜，赋诗道："大隧之中相见啊，多么快乐啊！"武姜走出地道，赋诗道："大隧之外相见啊，多么舒畅啊！"从此，他们恢复了从前的母子关系。

君子说："颍考叔是位真正的孝子。他不仅孝顺自己的母亲，而且把这种孝心推广到庄公身上。《诗经》说：'孝子不断地推行孝道，永远能感化你的同类。'说的就是这样的事情吧。"

评析

郑庄公的母亲在生他时难产，所以给他取名"寤生"，而且恨他。他用最阴险的手段将弟弟共叔段逼到绝境，用最绝情的话将母亲困在城颍。但庄公被母亲、弟弟这些至亲之人算计，即便后来"母子如初"，也只不过被作者简洁地一笔带过。颍考叔所享有的亲情的温暖，应当是郑庄公无法享受、只能缅怀的过往。

郑庄公确实是春秋诸侯中的枭雄，他的阴谋隐忍也是载入史册的，伐卫侵卫，伐宋侵陈，取戴入郕，甚至挑战周天子的权威。郑庄公通谋略，精权变，善外交，将郑国经营得显赫一时。从《左传》中《郑庄公戒饬守臣》一篇便可窥见庄公的强势，他被称为“春秋三小霸之首”。但他的弱点是“内多宠嬖”，三公子为国君所疑，致忽、突、子亹、子仪争弑祸兴，国内大乱。

二、王朝子颓之乱

背景

西周时期，我国形成了严格的宗法制度。按照宗法制度的组织形式，周天子既是普天之下最高的统治者，又是全体姬姓宗族的大宗，王位由嫡长子继承，并世代保持天下大宗的地位，其他诸子则受封为诸侯。后来，由于周王室统治地位的下降，宗法制度在平王东迁洛邑不久，遭到了严重的破坏。

周王室庶孽之乱，就是王室内部争夺王位的权力之争。在子颓之乱前，有子克之乱。周庄王在大臣辛伯的帮助下捕杀了周公黑肩，子克之乱没有发动便速告失败。在周惠王阆统治时期（前676—前652），皇叔子颓又阴谋篡位夺权。他勾结大夫边伯、石速等人攻进了王城，赶走了惠王，自立为王。周惠王在周公忌父和召公廖的护卫下逃到郑国。郑厉公联络虢公出兵讨伐子颓，最后取得了胜利，子颓被斩首示众，周惠王在诸侯的拥立下又恢复了王位，这便是子颓之乱。此后周襄王时期有子带之乱，在晋文公的帮助下恢复了襄王的统治。

原文

（庄公十六年）初，晋武公伐夷，执夷诡诸。蒍国请而免之。既而弗报，故子国作乱，谓晋人曰：“与我伐夷而取其地。”遂以晋师伐夷，杀夷诡诸。周公忌父出奔虢，惠王立而后复之。

十九年，初，王姚嬖于庄王，生子颓。子颓有宠，蔿国为之师。及惠王即位，取蔿国之圃以为囿。边伯之宫近于王宫，王取之。王夺子禽祝跪与詹父田，而收膳夫之秩。故蔿国、边伯、石速、詹父、子禽祝跪作乱，因苏氏。

秋，五大夫奉子颓以伐王，不克，出奔温。苏子奉子颓以奔卫。卫师、燕师伐周。冬，立子颓。

二十年春，郑伯和王室，不克，执燕仲父。夏，郑伯遂以王归，王处于栎。秋，王及郑伯入于邬。遂入成周，取其宝器而还。冬，王子颓享五大夫，乐及遍舞。郑伯闻之，见虢叔曰：“寡人闻之：‘哀乐失时，殃咎必至。’今王子颓歌舞不倦，乐祸也。夫司寇行戮，君为之不举，而况敢乐祸乎？奸王之位，祸孰大焉？临祸忘忧，忧必及之。盍纳王乎！”虢公曰：“寡人之愿也。”

二十一年春，胥命于弭。夏，同伐王城，郑伯将王自圉门入，虢叔自北门入，杀王子颓及五大夫。郑伯享王于阙西辟，乐备。王与之武公之略，自虎牢以东。原伯曰：“郑伯效尤，其亦将有咎。”五月，郑厉公卒。

王巡虢守，虢公为王宫于玤，王与之酒泉。郑伯之享王也，王以后之鞶鉴予之。虢公请器，王予之爵。郑伯由是始恶于王。冬，王归自虢。

二十七年十月，王使召伯廖赐齐侯命，且请伐卫，以其立子颓也。

二十八年春，齐侯伐卫，战，败卫师，数之以王命，取赂而还。

僖公十年春，狄灭温，苏子无信也。苏子叛王即狄，又不能于狄，狄人伐之，王不救，故灭。苏子奔卫。

（节选自《左传纪事本末》 卷四《王室庶孽之祸》）

译文

（鲁庄公十六年）当初，晋武公进攻夷地，俘虏了夷诡诸。芳国为他说情，因而释放了他。后来夷诡诸并不报答，所以芳国作乱，对晋国人说："和我一起进攻夷地并夺取它的土地。"于是带领晋国军队进攻夷地，杀死了夷诡诸。周公忌父逃亡到虢国。周惠王立为君后让他回国复职。

庄公十九年。当初，王姚受到周庄王的宠爱，生下了子颓。子颓也受到宠爱，芳国是他的师傅。到周惠王继承王位，夺取了芳国的菜园来畜养野兽。边伯的房子靠近王宫，周惠王也占取了。惠王又夺取了子禽祝跪和詹父的田地，收回了膳夫石速的俸禄。因此芳国、边伯、石速、詹父、子禽祝跪发动叛乱，依靠苏氏。

秋季，五位大夫拥戴子颓攻打惠王，没有得胜，逃亡到温地。苏子侍奉子颓逃亡到卫国。卫国、燕国的军队进攻成周。冬季，立子颓为周天子。

鲁庄公二十年春季，郑厉公调解周惠王和子颓之间的纠纷，没有成功，逮捕了燕仲父。夏季，郑厉公就带了周惠王回国。周惠王住在栎地。秋季，周惠王和郑厉公到了邬地，接着进入成周，取得成周的宝器后回国。冬季，王子颓设宴招待五位大夫，演奏音乐并遍舞六代舞蹈。郑厉公听到这件事，见到虢叔，对他说："我听说：'悲哀或者高兴，若不是时候，灾祸一定会降临。'现在王子颓观赏歌舞而不知疲倦，这是以祸患为高兴。司寇杀人，国君为此而减膳撤乐，何况敢以祸患而高兴呢？篡夺王位，还有比这更大的祸患吗？面临祸患而忘记忧患，忧患一定会到来。为什么不让惠王复位呢？"虢公说："这是我的愿望。"

鲁庄公二十一年春季，郑厉公和虢公在弭地会谈。夏季，一起进攻王城。郑厉公侍奉惠王从圉门入城，虢叔从北门入城，杀了王子颓和五个大夫。郑厉公在宫门外西阙设宴招待周惠王，全套乐舞齐备。周惠王赐给他虎牢以东原郑武公的土地。原伯说：“郑伯学了做坏事，他也将会遭殃。”五月，郑厉公去世。

周惠王巡视虢公防守的土地，虢公为惠王在玤地建造了行宫，惠王就把酒泉赐给他。郑厉公设宴招待惠王时，惠王赐给他王后的鞶鉴。虢公也请求赏赐器物，惠王把青铜酒杯赐给他。由于鞶鉴没有青铜酒杯贵重，郑厉公因此开始怨恨周惠王。冬季，周惠王从虢国回到成周。

鲁庄公二十七年十月，周惠王派遣召伯廖赐命齐桓公，并要求他进攻卫国，因为卫国曾拥立子颓做周天子。

鲁庄公二十八年春季，齐桓公讨伐卫国。与卫军作战，打败了卫军。用周天子的名义责备卫国，收取了财货后回国。

鲁僖公十年春季，狄人灭亡温国，这是由于苏子不讲信义。苏子背叛周襄王而投奔狄人，又和狄人处不来，狄人进攻他，周襄王不去救援，因此灭亡。苏子逃亡到卫国。

评析

西周时，为了维护家族利益，不管是身份继承还是财产继承，都是实行嫡长子继承制。王位的继承必须是正妻所生长子，无论其贤与否；如妻无子，则不得不立贵妾之子，不管其年龄如何。至于诸侯王公的身份继承，则是参照王位继承执行。春秋之时，王纲解纽，周王室庶孽之乱正是“礼乐崩坏”的表现。各诸侯国杀嫡弑君、小宗取代大宗之事层出不穷，宗法制的约束力愈益微弱。

周室之乱，以君王独宠为先，已有的等级制度和礼法无法约束君王在选择继承人时的主观随意性，客观上诱导了庶子发动叛乱，意图夺取政权。王子克之乱，周王室尚能以自身力量平定。王子颓之乱，王室已左支右绌，疲于应付，诸侯开始介入。此后王子带、王子朝之乱，王室毫无招架之力，只能仰仗诸侯。愈演愈烈的叛乱掏空了王室赖以生存的根本，严重损害了周天子的威严，王朝江河日下，统治难以为继。诸侯国趁火打劫，窃据王权，最终促成了王权向霸权、王权向卿权的递嬗。

三、鲁文姜之乱

背景

鲁惠公薨时（前 723），世子姬轨尚且年幼，较为年长的庶兄姬息为王，是为鲁隐公。待姬轨年长，鲁公子翚（即羽父）建议隐公先下手为强，刺杀姬轨，以保王位。隐公没有答应。羽父的诡计没有得逞，便到姬轨那边说隐公想除掉他以保王位。公元前 711 年，姬轨听信谗言，设计杀害了隐公，成为鲁桓公，并委任羽父为太宰，不久后便娶了齐襄公的妹妹文姜为妻。历史上所谓“文姜之乱”，是指鲁桓公夫人文姜与齐襄公之间发生的不正当的男女关系。相传鲁桓公的夫人文姜是齐僖公的女儿，齐襄公的异母妹妹。齐僖公想把文姜许配给郑国世子姬忽，然而郑国世子姬忽觉得不可攀附齐国这样的大国而退婚。后来齐僖公将文姜许配给了鲁桓公。公元前 694 年，齐襄公向周王室求娶公主。鲁桓公去主持大典。文姜与其兄齐襄公私通，鲁桓公愤而要带文姜回国，齐襄公把鲁桓公灌得大醉，让彭生乘机杀掉了他，自己再杀掉彭生给鲁国一个交代。

原文

桓公三年春，会于嬴，成昏于齐也。

秋，公子翚如齐逆女，修先君之好，故曰“公子”。

齐侯送姜氏于欢，非礼也。凡公女，嫁于敌国，姊妹，则上卿送之，以礼于先君；公子，则下卿送之。于大国，虽公子，亦上卿送之。于天子，则诸卿皆行，公不自送。于小国，则上大夫送之。

冬，齐仲年来聘，致夫人也。

（六年）九月丁卯，子同生，以大子生之礼举之。接以大牢，卜士负之，士妻食之，公与文姜、宗妇命之。

公问名于申繻。对曰：“名有五，有信，有义，有象，有假，有类。以名生为信，以德命为义，以类命为象，取于物为假，取于父为类。不以国，不以官，不以山川，不以隐疾，不以畜牲，不以器币。周人以讳事神，名，终将讳之。故以国则废名，以官则废职，以山川则废主，以畜牲则废祀，以器币则废礼。晋以僖侯废司徒，宋以武公废司空，先君献、武废二山，是以大物不可以命。”公曰：“是其生也，与吾同物，命之曰同。”

十八年春，公将有行，遂与姜氏如齐。申繻曰：“女有家，男有室，无相渎也，谓之有礼。易此，必败。”公会齐侯于泺，遂及文姜如齐。齐侯通焉。公谪之，以告。夏四月丙子，享公。使公子彭生乘公，公薨于车。鲁人告于齐曰：“寡君畏君之威，不敢宁居，来修旧好，礼成而不反，无所归咎，恶于诸侯，请以彭生除之。”齐人杀彭生。

（节选自《左传纪事本末》 卷七《鲁文姜之乱》）

译文

鲁桓公三年春季，鲁桓公和齐僖公在嬴地会见，这是由于和齐女订婚。

秋季，鲁国公子翚到齐国迎接齐女，因为是重修前代国君的友好关系，所以《春秋》称翚为“公子”。

齐僖公护送姜氏出嫁，到了欢地，这是不合于礼的。凡是本国的公室女子出嫁到同等国家，如果是国君的姐妹，就由上卿护送她，以表示对前代国君的尊敬；如果是国君的女儿，就由下卿护送她。出嫁到大国，即便是国君的女儿，也由上卿护送她。嫁给天子，就由各位大臣都去护送，国君不亲自护送。出嫁到小国，就由上大夫护送她。

冬季，齐仲年前来聘问，这是为了把姜氏护送到鲁都。

（桓公六年）九月二十四日，儿子同出生，以太子出生的规格举行了大礼：用太牢大礼接见他，用占卜的方式选择士人背他，选择士人的妻子给他喂奶，桓公和文姜、同宗妇人为他取名字。

桓公向申繻询问取名字的事。申繻回答说："取名有五种方式，有信，有义，有象，有假，有类。用出生时的特征取名是信，用表示德行的词取名是义，用类似的物体取名是象，借用某种事物的名称取名是假，用和父亲有关的字取名是类。取名不用国名，不用官名，不用山川名，不用疾病名，不用牲畜名，不用器物礼品名。周朝人用避讳来奉祀神明，名，在死了以后就要避讳。所以用国名取名，就会废除人名，用官职取名就会改变官职名称，用山川取名就会改变山川的名称，用牲畜取名就会废除祭祀，用器物礼品取名就会废除礼仪。晋国因为僖公而废除司徒之官，宋国因为武公而废除司空之官名，我国因为先君献公、武公而废除具山、敖山二山之名，所以大的事物不可以用来取名。"桓公说："这个孩子和我同一个干支，就叫作同吧。"

十八年春季，鲁桓公准备外出旅行，便打算和姜氏到齐国去。申繻说："女人有夫家，男人有妻室，不可以互相轻慢，这叫有礼数。违反这一点，必然坏事。"鲁桓公和齐襄公在泺相会，然后和文姜去了齐国。齐襄公与文姜私通。鲁桓公知道了，就批评了文姜。文姜把这件事情告诉了齐襄公。夏四月丙子日，齐襄公设宴招待鲁桓公。宴后，齐襄公派公子彭生帮助鲁桓公乘车，鲁桓公死在车中。鲁国人告诉齐襄公说："我们国君畏惧您的威严，不敢苟安，到贵国重修旧好，礼成却没有返回。我国不知道该归罪于谁，请把彭生除掉。”齐国人杀死了彭生。

评析

《左传》先是用申缧的一席话作铺垫，暗示文姜有作风问题，接着用一“通”字揭示文姜与齐襄公之间有私情。《春秋·庄公三年》记载：“冬十有二月，夫人姜氏会齐侯于禚。”《左传》云：“书，奸也。”《左传》的作者认为，《春秋》之所以在这里记载夫人文姜会见齐侯，是因为文姜与齐襄公私通是不合礼法的，这可能是关于文姜淫乱最早而又最直接的判词。

齐国的性观念比较开放，不仅未婚女子，就是已婚妇女包括贵族妇女也敢于放纵，夫妇双方对贞操看得都很淡。当我们站在当时风俗习惯的立场上去看待文姜的这些行为时，就不能仅以简单的“离经叛道”驳斥之，它不只是代表了文姜的一种个人行为，还是一种古老文化遗存和现实社会风俗的反映。不同时代的人对“文姜们”种种“异端”行为的不同看法，实则反映了不同时代对妇女道德评判标准的差异。文姜的谥号为“文”，而没有和桓公一起谥“桓”。然而，按照《谥法》的规定：经天纬地曰文，道德博闻曰文，学勤好问曰文，慈惠爱民曰文，愍民惠礼曰文，赐民爵位曰文。无论从哪一个方面看，“文”都是一个很高的评价，那么对于一个因淫行而致使其夫君死亡的人，却能获得“文”这样的评价，显然是不符合礼法的。齐襄公在位时，齐鲁之间未曾发生过战事，在很大程度上是得益于文姜的协调。鲁庄公五年，齐鲁两国联合诸侯伐卫，也应与文姜此年夏“如齐师”有关；鲁庄公六年，“齐人来归卫宝”，书中明确说明是“文姜请也”。所以，桓公死后，文姜数次如齐，虽然不排除纵欲的可能，但这对协助年弱的庄公稳定国内政局、保持与齐国相对友好的关系而言，起到了重要的协调作用。

四、齐襄公之弑

背景

齐僖公三十三年（鲁桓公十四年，前 698）十二月丁巳日，齐僖公去世，太子诸儿即位，是为齐襄公。齐襄公（？—前 686），姜姓，吕氏，名诸儿，齐僖公长子，齐桓公异母兄。齐襄公在位期间，荒淫无道，昏庸无能，与其异母妹妹文姜乱伦，派彭生杀害妹夫鲁桓公，而后再杀彭生向鲁国交代。当时齐国国力渐强，齐襄公曾出兵攻打卫国、鲁国、郑国。齐襄公对外的征伐之役，尤其是对纪国的灭亡之战，对鲁国、郑国的削弱之战，为齐国未来的称霸奠定根基。可是齐襄公本人过于骄纵，导致国内矛盾丛生。齐襄公对亲族苛刻，对朝臣也缺乏诚信。公元前 686 年，齐襄公为连称、管至父、公孙无知等人所杀，公孙无知自立为君。公元前 685 年，雍廪袭杀公孙无知，齐襄公之弟公子小白即位，是为齐桓公。

原文

桓公十七年夏，及齐师战于奚，疆事也。于是齐人侵鲁疆，疆吏来告。公曰："疆埸之事，慎守其一，而备其不虞。姑尽所备焉。事至而战，又何谒焉？"

庄公八年，齐侯使连称、管至父戍葵丘。瓜时而往，曰："及瓜而代。"期戍，公问不至。请代，弗许。故谋作乱。

僖公之母弟曰夷仲年，生公孙无知，有宠于僖公，衣服礼秩如适。襄公绌之。二人因之以作乱。连称有从妹在公宫，无宠，使间公，曰："捷，吾以女为夫人。"

冬十二月，齐侯游于姑棼，遂田于贝丘。见大豕，从者曰："公子彭生也。"公怒曰："彭生敢见！"射之，豕人立而啼。公惧，队于车，伤足丧屦。反，诛屦于徒人费，弗得，鞭之，见血。走出，遇贼于门，劫而束之。费曰："我奚御哉！"袒而示之背，信之。费请先入，伏公而出，斗，死于门中。石之纷如死于阶下。遂入，杀孟阳于床，曰："非君也，不类。"见公之足于户下，遂弑之，而立无知。

（节选自《左传纪事本末》 卷十七《齐襄公之弑》）

译文

鲁桓公十七年夏季，鲁军与齐国军队在奚地发生战争，这是边境局部冲突。当时齐国人入侵鲁国的边境，边境官吏前来报告。桓公说："边境上的事情，谨慎地防守自己一边而且防备发生意外。暂且尽力防备就是了。发生了事情就迎战，又何必先行请示报告呢？"

鲁庄公八年，齐侯（襄公）派连称和管至父去驻守葵丘，瓜熟的时候前往，齐襄公说："到了明年瓜熟的时候就派人去接替你们。"一周年的驻守期满了，襄公派人替换的命令还没有下达。连称和管至父请求替换，襄公不允许。所以这两个人就商量发动叛乱。

齐僖公一母所生的弟弟叫夷仲年，生了公孙无知。公孙无知得到僖公的宠爱，他的衣物服饰和待遇等级都跟太子一样。襄公即位以后降低了对他的待遇。连称、管至父两个人就想依靠他来谋划叛乱。连称有个堂妹在襄公宫里，不受宠爱。公孙无知就让她刺探襄公的行动，并对她说："等事情成功了，我就让你当夫人。"

冬季十二月，齐襄公到姑棼游玩，便顺便在贝丘打猎。襄公看见一只大野猪，随从们惊呼："这是公子彭生！"襄公大怒说："彭生岂敢来见我！"便用箭射它。野猪竟像人一样站立起来嚎叫。襄公很害怕，从车上跌落下来，伤了脚，还丢掉了鞋子。游猎回来，襄公责令侍从的小官费去寻找鞋子。费找不着鞋子，襄公就用鞭子抽他，打得流血。费从宫中出来，在宫门口遇上叛贼。叛贼将他劫持并且捆绑起来。费说："我怎么会抵抗你们呀！"他解开衣服，将背伤给他们看，叛贼相信了他的话。费请求让他先进宫去探明情况，他趁机把襄公隐藏起来，然后出宫和叛贼搏斗，战死在宫门中。石之纷如也战死在台阶下。叛贼冲入宫中，在床上杀死了孟阳，说："这不是国君，相貌不像。"他们发现襄公的脚露在门扇下面，就把他杀了，另立公孙无知为国君。

评析

《史记》记载："襄公之醉杀鲁桓公，通其夫人，杀诛数不当，淫于妇人，数欺大臣。"齐襄公与鲁桓公的夫人文姜通奸，杀了两个国家的君王（鲁桓公和郑子亹），并且数次欺骗大臣，最后被他人所杀。齐襄公死于一件看似不经意的小事，但这可以看出没有信用导致的后果。

五、晋骊姬之乱

背景

公元前672年，晋国攻打骊戎，骊戎首领之女骊姬作为政治交易的对象，被晋献公虏入晋国，成为献公的妃子。僖公四年（前656），晋国发生了“骊姬之乱”，本质上是由争夺太子之位而引发的。晋献公先是娶贾国之女贾君，但是贾君未能生子；与齐桓公之女齐姜私通，后立其为夫人，生下太子申生与秦穆公夫人穆姬。后又娶戎族之女大戎狐姬和小戎子，分别生重耳晋文公和夷吾。又在讨伐今陕西临潼一带的骊戎时获得骊姬、少姬姊妹二人，分别生奚齐和卓子，祸端即此而起。骊姬姊妹，尤其是骊姬，不但貌美无比，而且诡计多端，深得献公宠爱。齐姜死后，献公不听臣下谏阻，执意立骊姬为夫人，待奚齐渐渐长大又企图废掉太子申生而改立奚齐。但精明的骊姬看到申生和重耳、夷吾等公子不但有贤德，势力也很大，若贸然无故更换太子，必定弄巧成拙，难以得逞，于是精心策划了一整套除掉太子申生和重耳、夷吾等公子的政治阴谋，制造了一起震惊晋国朝野和列国诸侯的骊姬乱国事件。

原文

僖公四年。初，晋献公欲以骊姬为夫人，卜之，不吉；筮之，吉。

公曰："从筮。"卜人曰："筮短龟长，不如从长。且其繇曰：'专之渝，攘公之羭。一薰一莸，十年尚犹有臭。'必不可。"勿听，立之，生奚齐；其娣生卓子。

及将立奚齐，既与中大夫成谋。姬谓大子曰："君梦齐姜，必速祭之。"大子祭于曲沃，归胙于公。公田，姬置诸宫六日。公至，毒而献之。公祭之地，地坟；与犬，犬毙；与小臣，小臣亦毙。姬泣曰："贼由大子。"大子奔新城。公杀其傅杜原款。

或谓大子："子辞，君必辩焉。"大子曰："君非姬氏，居不安，食不饱。我辞，姬必有罪。君老矣，吾又不乐。"曰："子其行乎?"大子曰："君实不察其罪，被此名也，以出，人谁纳我?"十二月戊申，缢于新城。姬遂谮二公子曰："皆知之。"重耳奔蒲，夷吾奔屈。

五年，晋侯使以杀大子申生之故来告。初，晋侯使士蒍为二公子筑蒲与屈，不慎，置薪焉。夷吾诉之，公使让之。士蒍稽首而对曰："臣闻之：'无丧而慼，忧必仇焉；无戎而城，仇必保焉。'寇仇之保，又何慎焉? 守官废命，不敬；固仇之保，不忠。失忠与敬，何以事君?《诗》云：'怀德惟宁，宗子惟城。'君其修德而固宗子，何城如之? 三年将寻师焉，焉用慎?"退而赋曰："狐裘尨茸，一国三公，吾谁适从?"

及难，公使寺人披伐蒲。重耳曰："君父之命不校。"乃徇曰："校者，吾仇也。"逾垣而走，披斩其袪，遂出奔翟。

六年春，晋侯使贾华伐屈。夷吾不能守，盟而行。将奔狄，郤芮曰："后出同走，罪也，不如之梁。梁近秦而幸焉。"乃之梁。

（节选自《左传纪事本末》　卷二十四《骊姬之乱》）

译文

鲁僖公四年。当初，晋献公想把骊姬立为夫人，便用龟甲来占卜，结果不吉利；然后用蓍草占卜，结果吉利。晋献公说：“照占筮的结果办。”卜人说：“占筮不灵验，龟卜很灵，不如照灵验的办。再说卜筮的兆辞说：‘专宠过分会生变乱，会夺去您的所爱。香草和臭草放在一起，过了十年还会有臭味。’一定不能这么做。”晋献公不听卜人的话，把骊姬立为夫人。骊姬生了奚齐，她随嫁的妹妹生了卓子。

到了快要把奚齐立为太子时，骊姬早已和中大夫有了预谋。骊姬对太子申生说：“国君梦见了你母亲齐姜，你一定要赶快去祭祀她。”太子到了曲沃去祭祝，把祭祝的酒肉带回来献给晋献公。晋献公在外打猎，骊姬把祭祀的酒肉在宫中放了六天。晋献公打猎回来，骊姬在酒肉中下了毒药献给献公。晋献公洒酒祭地，地上的土凸起成堆；拿肉给狗吃，狗被毒死；给官中小臣吃，小臣也死了。骊姬哭着说：“是太子想谋害您。”太子逃到了新城，晋献公杀了太子的师傅杜原款。

有人对太子说：“您要申辩。国君一定会辨明是非。”太子说：“君王如果没有了骊姬，会睡不安，吃不饱。我一申辩，骊姬必定会有罪。君王老了，我又不能使他快乐。”那人说：“您想出走吗？”太子说：“君上还没有明察骊姬的罪过，我带着杀父的罪名出走，谁会接纳我呢？”十二月二十七日，太子申生在新城上吊自尽。骊姬接着又诬陷重耳和夷吾两个公子说：“他们都知道申生的阴谋。”于是，重耳逃到了蒲城，夷吾逃到了屈城。

鲁僖公五年，晋献公派使者来报告杀害太子申生的原因。当初，晋献公派大夫士芳为重耳和夷吾修筑蒲城和屈城，不小心，在城墙里放进了柴草。夷吾把这件事告诉了献公，晋献公责备了士芳。士芳叩头回答说：“臣下听说：‘没有丧事而悲伤，忧愁必定变为仇怨。没有战事而筑城，仇敌必定来占领。’既然仇敌会来占领，又何必那么谨慎呢？在官位而不接受君命，这是不敬，加固仇敌的城池，这是不忠。失去了恭敬和忠诚，拿什么来侍奉国君呢？《诗》说：‘心怀德行就是安宁，同宗子弟就是坚城。’国君如果能修德行并巩固宗子的地位，有什么城池比得上呢？三年之后就要用兵，哪里用得着那么谨慎？”士芳退下来后作了首诗说：“狐皮袍子毛蓬松，一个国家有三公，我该跟从哪一个？”

到灾祸发生时，晋献公派寺人披去攻打蒲城。重耳说：“君父的命令不能违抗。”于是他通告众人说：“违抗君命的人就是我的仇敌。”重耳翻墙逃走，寺人披砍掉了他的袖口，重耳逃亡到了狄国。

鲁僖公六年春季，晋献公派贾华去攻打屈城。夷吾坚守不住，与屈人订立盟约后出走。夷吾准备逃往狄国，郤芮说：“你在重耳之后逃到狄国去，这证明了你有罪，不如去梁国。梁国靠近秦国，而且得到秦国的信任。”于是夷吾去了梁国。

评析

刘向在《列女传》中这样评价骊姬：“骊姬继母，惑乱晋献，谋谮太子，毒酒为权，果弑申生，公子出奔，身又伏辜，五世乱昏。”骊姬不是中原人，而是地道的骊戎人，是古戎人的后代。当时晋献公在骊戎打了胜仗，骊戎的国君很怕死，就跟晋献公讲和，献上了少姬与骊姬。为了废掉太子申生，立她自己的儿子奚齐为太子，骊姬耍了一个又一个阴谋诡计。申生是晋献公与齐姜的儿子，心地善良。申生性格上的弱点，让骊姬钻了空子。一次趁着申生献祭，骊姬在祭祀的酒肉里下毒，然后栽赃给申生，最后申生因为太善良，又怕说出真相惹父亲伤心，居然上吊自杀了，他也因此就被除掉了。骊姬虽然成功了，可她的儿子奚齐和侄子卓子之后也成为这场“骊姬之乱”的牺牲品。王权的更替始终离不开流血冲突。本是血脉相连的王族子弟，一个王权却能够让人完全忘却这些在平时至关重要的亲情。权迷人眼，迷人心，不论古今。

六、鲁南蒯之叛

背景

家臣叛乱多集中在鲁国昭、定、哀三公时期。公元前 538 年，鲁叔孙氏发生了竖牛之乱；接着便是此前公元前 530 年的季氏费宰南蒯之乱；此后公元前 500 年叔孙氏郈宰侯犯之叛、公元前 498 年的季氏费邑宰公山弗扰（公山不狃）之叛、公元前 480 年的孟氏成宰公孙宿之叛，以及阳虎执国命。

南蒯是鲁国后期权贵季孙氏的家臣，帮忙掌管季孙氏的根据地费城。鲁昭公十二年（前 530），刚当上费邑行政长官的南蒯就与鲁国的执政官季平子闹起了矛盾。南蒯的父亲南遗曾是季氏的家臣，季氏家族自主建立费城，南遗是出过力的，并且做了费城长官。季平子立为季孙氏宗主之后，主掌了鲁国政权，但对南蒯很不信任。南蒯仗着先父南遗管家有功，于是携忿谋反，却因不得人心而失败，最后叛逃齐国，在齐国也不受优待。

原文

昭公十二年，季平子立，而不礼于南蒯。南蒯谓子仲：“吾出季氏，而归其室于公，子更其位，我以费为公臣。”子仲许之。南蒯语叔仲穆子，且告之故。

季悼子之卒也，叔孙昭子以再命为卿。及平子伐莒，克之，更受三命。叔仲子欲构二家，谓平子曰："三命逾父兄，非礼也。"平子曰："然。"故使昭子。昭子曰："叔孙氏有家祸，杀嫡立庶，故婼也及此。若因祸以毙之，则闻命矣；若不废君命，则固有着矣。"昭子朝，而命吏曰："婼将与季氏讼，书辞无颇。"季孙惧，而归罪于叔仲子。故叔仲小、南蒯、公子慭谋季氏。慭告公，而遂从公如晋。南蒯惧不克，以费叛，如齐。子仲还，及卫，闻乱，逃介而先。及郊，闻费叛，遂奔齐。

南蒯之将叛也，其乡人或知之，过之而叹，且言曰："恤恤乎，湫乎攸乎！深思而浅谋，迩身而远志，家臣而君图，有人矣哉！"南蒯枚筮之，遇《坤》䷁之《比》䷇，曰"黄裳元吉"。以为大吉也，示子服惠伯，曰："即欲有事，何如？"惠伯曰："吾尝学此矣。忠信之事则可；不然，必败。外强内温，忠也；和以率贞，信也，故曰'黄裳元吉'。黄，中之色也；裳，下之饰也；元，善之长也。中不忠，不得其色；下不共，不得其饰；事不善，不得其极。外内倡和为忠，率事以信为共，供养三德为善。非此三者弗当。且夫《易》，不可以占险，将何事也？且可饰乎？中美能黄，上美为元，下美则裳，参成可筮。犹有阙也，筮虽吉，未也。"

将适费，饮乡人酒。乡人或歌之曰："我有圃，生之杞乎！从我者子乎，去我者鄙乎，倍其邻者耻乎！已乎已乎，非吾党之士乎！"

平子欲使昭子逐叔仲小。小闻之，不敢朝。昭子命吏谓小待政于朝，曰："吾不为怨府。"

（节选自《左传纪事本末》 卷十《鲁陪臣交叛》）

译文

鲁昭公十二年，季平子即位后，对南蒯不加礼遇。南蒯对子仲说：

“我赶走季氏，把他的家产归公，您取代他的地位，我带着费地作为公臣。”子仲答应了。南蒯告诉叔仲穆子，同时把原因告诉了他。

季悼子死的时候，叔孙昭子由于再命而做了卿士。等到季平子进攻莒国得胜，昭子改受三命。叔仲穆子想要离间季氏和叔孙氏两家，对平子说：“三命超过了父兄，这是不合于礼的。”平子说：“是这样。”所以就让昭子自己辞谢。昭子说：“叔孙氏发生家祸，杀死嫡子立了庶子，所以婼才到了这一步。如果是因为祸乱而来讨伐，那么我听从命令。如果不废弃国君的命令，那么本来就有我的位次。”昭子朝见，命令官吏说：“婼打算和季氏打官司，写诉讼辞的时候不要偏袒。”季平子畏惧，就归罪于叔仲子，因此叔仲穆子、南蒯、子仲就打季氏的主意。子仲告诉昭公，就跟随昭公去了晋国。南蒯害怕打不赢，以费地做见面礼投靠了齐国。子仲回国，到达卫国，听到动乱的情况，丢下副使先行逃回国内，到达郊外，听到费地叛乱就逃亡到齐国。

南蒯将要叛变的时候，他的家乡有人知道情况，走过他门口，叹了口气说：“忧愁啊，愁啊，忧啊！想法高而智谋浅，关系近而志向远，作为家臣而想为国君图谋，要有人才才行啊！”南蒯不提出所问的事情而占筮，得到《坤》卦变为《比》卦，卦辞说“黄裳元吉”。他认为是大吉大利，把它给子服惠伯看，说：“如果有事情，怎么样？”惠伯说：“我曾经学习过《易》，如果是忠信的事情就可以符合卦辞的预测，不然就必定失败。外表强盛，内部温顺，这是忠诚；用和顺来实行占卜，这是信用，所以说‘黄裳元吉’。黄，是内衣的颜色。裳，是下身的服装。元，是善的第一位。内心不忠诚，就和颜色不相符合。在下面不恭敬，就和服装不相符合。事情办理不好，就和标准不相符合。内外和谐就是忠，根据诚信办事就是恭，崇尚上述三种德行，就是善，不是这三种德行就无法承当卦辞的预测。而且《易》不能用来预测冒险的事情，您打算做什么呢？而且能不能在下位而恭敬呢？中美就是黄，上美就是元，下美就是裳，这三者都具备了才可以合于卦辞的预测。如果有所缺少，卦辞虽然吉利，未必能行。”

南蒯将要到费地去，请乡里的人喝酒。乡里有人唱歌说：“我有块菜地，却生长了枸杞啊！跟我走的是大男子呵，不跟我走的是鄙陋的人呵，背弃他亲人的可耻呵！得了得了，不是我们一伙的人士呵！”

季平子想要让昭子赶走叔仲子。叔仲子听到了，不敢朝见。昭子命令官吏告诉叔仲子在朝廷上等待办公，说：“我不充当聚集怨恨的角色。”

评析

周代宗法制和礼制在一段时间里曾有效地维护了社会秩序。但随着阶层的变动，家臣权力不断扩大，甚至执掌一国之政，导致社会动乱。孔子曰：“天下无道，则礼乐征伐自诸侯出。自诸侯出，盖十世希不失矣；自大夫出，五世希不失矣；陪臣执国命，三世希不失矣。”（《论语·季氏》）家臣屡叛，除了家臣与家主个人之间的恩怨外，还有各种社会历史客观原因。三桓专鲁由来已久，公元前609年，鲁文公薨，东门襄仲杀嫡立庶，此后公室弱，三桓强，政在大夫。日积月累，三家专政已经为国人所认可。而以季氏为主的三桓为扩充自身实力，纷纷筑城，客观上为邑宰叛乱创造了条件。家宰、家邑管理三桓事务，俨然“主君”，拥有土地、甲兵，职位世袭。家臣叛乱往往内联鲁君，外联齐国。

礼制讲究尊卑有别、上下有别。南蒯是鲁国季孙氏的家臣，应该认清自己的位置，服从并效忠季孙氏。如果篡越等级制度，那么就是不忠，要遭受众人的鄙视和谴责。齐景公骂他是叛徒，合情合理，齐国大夫说他罪过极大也很在理。

私家应对家臣屡叛而对传统宗法型家臣制度的革新，为战国官僚制度的形成提供了重要来源。此后季氏任用非宗法性的士人，预示着传统的家臣制度在鲁国发生了变革。

七、卫齐豹之乱

背景

卫国在春秋后期，阶级斗争和统治阶级内部矛盾十分激烈。逐君事件在卫国发生得最早，也最频繁。由于晋国支持卫国的权臣叛君活动，故而卫君又与齐、郑联盟，反对晋国。南方楚、吴、越争霸之时，中原齐、卫、郑与晋国对峙。卫灵公时，发生了“齐豹之乱”，起因是灵公的一个瘸腿兄长公孟縶和司寇齐豹等人作对，齐豹等人在鲁昭公二十年（前 522）联合起来杀了公孟縶及其甲士宗鲁，并进攻灵公，灵公携带着宝器逃到了死鸟。后来幸而那批乱党中的北宫喜反戈，灭了齐豹，灵公才得以回都城复位，从此，政权相对稳定了一段时期。卫君任用了王孙贾、祝鮀等有才能的人，国政治理终于有所好转。卫国在外交上一直联齐反晋，在鲁定公八年（前 502）的鄟泽盟会上，灵公受到晋国两位大夫的侮辱，此事激起朝中大夫和国人的愤慨，君臣上下一条心，不甘受辱，决定叛离晋国。第二年卫国助齐攻晋，晋国稍稍收敛，杀了那两个侮辱灵公的大夫，向卫国示好。晋国霸业此时已经日落西山，卫国始终没有服从晋国。

原文

（鲁昭公）二十年夏，卫公孟絷狎齐豹，夺之司寇与鄄。有役则反之，无则取之。公孟恶北宫喜、褚师圃，欲去之。公子朝通于襄夫人宣姜，惧，而欲以作乱，故齐豹、北宫喜、褚师圃、公子朝作乱。

初，齐豹见宗鲁于公孟，为骖乘焉。将作乱，而谓之曰："公孟之不善，子所知也。勿与乘，吾将杀之。"对曰："吾由子事公孟，子假吾名焉，故不吾远也。虽其不善，吾亦知之。抑以利故，不能去，是吾过也。今闻难而逃，是僭子也。子行事乎！吾将死之，以周事子，而归死于公孟，其可也。"

丙辰，卫侯在平寿。公孟有事于盖获之门外，齐子氏帷于门外，而伏甲焉；使祝蛙置戈于车薪以当门，使一乘从公孟以出；使华齐御公孟，宗鲁骖乘。及闳中，齐氏用戈击公孟，宗鲁以背蔽之，断肱，以中公孟之肩，皆杀之。

公闻乱，乘，驱自阅门入。庆比御公，公南楚骖乘，使华寅乘贰车。及公宫，鸿駵魋驷乘于公。公载宝以出。褚师子申遇公于马路之衢，遂从。过齐氏，使华寅肉袒执盖以当其阙。齐氏射公，中南楚之背，公遂出。寅闭郭门，逾而从公。公如死鸟。析朱锄宵从窦出，徒行从公。

齐侯使公孙青聘于卫。既出，闻卫乱，使请所聘。公曰："犹在竟内，则卫君也。"乃将事焉。遂从诸死鸟。请将事，辞曰："亡人不佞，失守社稷，越在草莽。吾子无所辱君命。"宾曰："寡君命下臣于朝曰：'阿下执事。'臣不敢贰。"主人曰："君若惠顾先君之好，昭临敝邑，镇抚其社稷，则有宗祧在。"乃止。卫侯固请见之，不获命，以其良马见，为未致使故也。卫侯以为乘马。宾将掫，主人辞曰："亡人之忧，不可以及吾子；草莽之中，不足以辱从者。敢辞。"宾曰："寡君之下臣，君之牧圉也。若不获扞外役，是不有寡君也。臣惧不免于戾，请以除死。”亲执铎，终夕与于燎。

齐氏之宰渠子召北宫子，北宫氏之宰不与闻谋，杀渠子，遂伐齐氏，灭之。丁巳晦，公入。与北宫喜盟于彭水之上。秋七月戊午朔，遂盟国人。八月辛亥，公子朝、褚师圃、子玉霄、子高鲂出奔晋。闰月戊辰，杀宣姜。卫侯赐北宫喜谥曰贞子，赐析朱鉏谥曰成子，而以齐氏之墓予之。

卫侯告宁于齐，且言子石。齐侯将饮酒，遍赐大夫曰：“二三子之教也。”苑何忌辞曰：“与于青之赏，必及于其罚。在《康诰》曰：‘父子兄弟，罪不相及。’况在群臣？臣敢贪君赐，以干先王。”

琴张闻宗鲁死，将往吊之。仲尼曰：“齐豹之盗，而孟絷之贼，女何吊焉？君子不食奸，不受乱，不为利疚于回，不以回待人，不盖不义，不犯非礼。”

（节选自《左传纪事本末》卷四十《卫灵公之立》）

译文

（鲁昭公）二十年夏季，卫国的公孟絷轻慢齐豹，剥夺了他的司寇官职和鄄地。有战事就让他回去，没有战事就占取过来。公孟絷讨厌北宫喜、褚师圃，想要除掉他们。公子朝和襄夫人宣姜私通，因感到害怕，想乘机发动祸乱。所以齐豹、北宫喜、褚师圃、公子朝发动了叛乱。

当初，齐豹把宗鲁推荐给公孟絷做了骖乘。齐豹将要发动叛乱，对宗鲁说：“公孟絷这个人不好，这是您所知道的。不要和他一起乘车，我将要杀死他。”宗鲁回答说：“我由于您而侍奉公孟絷，您说我有好名声，所以公孟絷才亲近我。虽然他不好，我也知道，但是由于对自己有利，不能离去，这是我的过错。现在听到祸难而逃走，这使您的话不可相信了。您办您的事吧！我将为此而死，用保密侍奉您，回去死在公孟絷那里，也许是可以的。”

六月二十九日，卫灵公正在平寿。公孟絷在盖获之门外祭祀，齐子氏在门外设置帷帐，在里边埋伏甲士。派祝蛙把戈藏在车上的柴禾里挡着城门，派一辆车跟着公孟絷出来。派华齐驾驭公孟絷的坐车，宗鲁做骖乘。到达曲门中，齐氏用戈敲击公孟絷，宗鲁用背部遮护他，折断了胳臂，戈击中公孟絷的肩膀。齐氏把他们一起杀死了。

卫灵公听到动乱的消息，坐上车子，驱车从阅门进入国都。庆比驾车，公南楚做骖乘，华寅乘坐副车。到达卫灵公的宫室，鸿骝魋又坐上卫灵公的车子。卫灵公装载了宝物出来，褚师子申在大路上遇到卫灵公，就跟了上去。经过齐氏那里，让华寅光着上身，拿着车盖遮蔽空处。齐氏用箭射卫灵公，射中公南楚的背部，卫灵公就逃出国都。华寅关闭城门，跳出城墙跟随卫侯。卫灵公去到死鸟。析朱锄夜里从城墙的排水沟里逃出，徒步跟随卫灵公。

齐景公派公孙青到卫国聘问。已经走出国境，听说卫国发生了动乱，派人请示关于聘问的事情。齐景公说：“卫侯还在国境之内，就还是卫国的国君。”于是就奉命行事，跟着到了死鸟。公孙青请求按照命令行聘礼。卫灵公辞谢说：“逃亡的人没有才能，失守了国家，流亡在杂草丛中，没有地方可以让您执行君王的命令。”公孙青说：“寡君在朝廷上命令下臣说：‘卑微地亲附执事。’下臣不敢违命。”卫灵公说：“君王如果照顾到先君的友好，光临敝邑，镇定安抚我们的国家，那么有宗庙在那里。”公孙青就停止了聘问。卫灵公坚决请求见他，公孙青不得已，只好用他的好马作为进见的礼物，这是由于没有行聘礼的缘故。卫灵公把公孙青馈送的马作为驾车的马。公孙青准备在夜里设置警戒，卫灵公辞谢说：“逃亡人的忧虑，不能落到您身上；杂草丛中的人，不足以劳动您。谨敢辞谢。”公孙青说：“寡君的下臣，就是君王牧牛放马的人。如果得不到在外面警戒的差役，就是心目中没有寡君了。下臣害怕不能免于罪过，请求以此免死。”就亲自拿着大铃，整晚和卫国的夜巡人在一起。

齐氏的家臣头子渠子召见北宫喜。北宫喜的家臣头子不让他知道密谋的事，策划杀死了渠子，并乘机攻打齐氏，消灭了他们。六月三十日，卫灵公进入国都，和北宫喜在彭水盟誓。秋季，七月初一，和国内的老百姓盟誓。八月二十五日，公子朝、褚师圃、子玉霄、子高鲂逃亡到晋国。闰八月十二日，杀死宣姜。卫灵公赐给北宫喜的谥号是贞子，赐给析朱锄的谥号是成子，而且把齐氏的墓地给了他们。

卫灵公向齐国报告国内安定，同时述说公孙青的有礼。齐景公将要喝酒，把酒赏赐给大夫们，说："这是诸位的教导。"苑何忌辞谢不喝，说："参与了对公孙青的赏赐，必然涉及对他的责罚。《康诰》上说：'父子兄弟，罪过互不相干。'何况在群臣之间？下臣岂敢贪受君王的赏赐来干犯先王？"

琴张听说宗鲁死了，准备去吊唁。孔子说："齐豹之所以成为坏人，公孟絷之所以被害，都是由于他的缘故，你为什么要去吊唁呢？君子不吃坏人的俸禄，不接受动乱，不为了利而受到邪恶的侵扰，不用邪恶对待别人，不袒护不义的事情，不做出非礼的事情。"

评析

孔子的弟子琴张与宗鲁是好朋友，听说宗鲁死于卫国内乱，内心很悲痛，就打算前往卫国去吊唁他。孔子听说后，阻止他说："齐豹之盗，而孟絷之贼，女何吊焉？君子不食奸，不受乱，不为利疚于回，不以回待人，不盖不义，不犯非礼。"在孔子看来，齐豹和公孟絷都不是好人。君子不食坏人的俸禄，也不默许坏人做坏事，不能以自己的私利而助纣为虐，也不以邪恶待人，不去掩盖不仁不义的行为，自己也不做违法的事。在春秋末期，人们的道德观念发生极大混乱，对于什么是"义"出现了不同的判断标准。宗鲁将"义"简单理解为对主子的忠诚，而孔子则认为“义”必须首先以是非善恶为标准，公孟絷非善者，故而孔子批评宗鲁之举“非义也”。接着，孔子提出“见义不为，无勇也”，认为见到应当做的事而不去做，是怯懦的表现。孟子说：“羞恶之心，义之端也。”羞恶之心是指对自己以及别人做不应当做的事感到羞耻和憎恶。人有正义感，便会努力实现种种可达到平等的社会理想，甚至以牺牲生命来表现仁义。

八、鲁阳虎当国

背景

鲁定公八年（前 505），季孙氏季平子逝世，其子季桓子即位，即季孙斯。当时季孙斯年幼，无法料理季孙氏的事务，作为家臣的阳虎等人就蠢蠢欲动。后来阳虎施计囚禁了季桓子，继而成为了季孙氏的“大当家”。季孙氏是鲁国最大的家族，阳虎也就成为了鲁国第一权臣，领导着三桓少主，执政鲁国。阳虎为了巩固自己在鲁国的地位与权力，准备除掉三桓的少主，并逐步削弱、控制三桓。但驾车御戎林楚被策反，阳虎的一系列计划也最终泡汤。

原文

季寤、公锄极、公山不狃皆不得志于季氏，叔孙辄无宠于叔孙氏，叔仲志不得志于鲁，故五人因阳虎。阳虎欲去三桓，以季寤更季氏，以叔孙辄更叔孙氏，己更孟氏。冬十月，顺祀先公而祈焉。辛卯，禘于僖公。壬辰，将享季氏于蒲圃而杀之，戒都车，曰：“癸巳至。”成宰公敛处父告孟孙，曰：“季氏戒都车，何故？”孟孙曰：“吾弗闻。”处父曰：“然则乱也，必及于子，先备诸？”与孟孙以壬辰为期。

阳虎前驱，林楚御桓子，虞人以铍盾夹之，阳越殿。将如蒲圃。桓子咋谓林楚曰："而先皆季氏之良也，尔以是继之。"对曰："臣闻命后。阳虎为政，鲁国服焉，违之征死，死无益于主。"桓子曰："何后之有？而能以我适孟氏乎？"对曰："不敢爱死，惧不免主。"桓子曰："往也！"孟氏选圉人之壮者三百人，以为公期筑室于门外。林楚怒马，及衢而骋。阳越射之，不中。筑者阖门。有自门间射阳越，杀之。阳虎劫公与武叔以伐孟氏。公敛处父帅成人自上东门入，与阳氏战于南门之内，弗胜；又战于棘下，阳氏败。阳虎说甲，如公宫，取宝玉、大弓以出，舍于五父之衢，寝而为食。其徒曰："追其将至。"虎曰："鲁人闻余出，喜于征死，何暇追余？"从者曰："嘻！速驾！公敛阳在。"公敛阳请追之，孟孙弗许。阳欲杀桓子，孟孙惧而归之。子言辨舍爵于季氏之庙而出。阳虎入于欢、阳关以叛。

（节选自《左传纪事本末》 卷十《鲁陪臣交叛》）

译文

季寤、公锄极、公山不狃在季氏那里不得志，叔孙辄在叔孙氏那里不受宠信，叔仲志在鲁国不得志，所以这五个人依靠阳虎。阳虎想要除掉三桓，用季寤取代季氏，用叔孙辄取代叔孙氏，自己取代孟氏。冬季十月，依即位的先后次序祭祀先公并且祈祷。初二日，在僖公庙里举行大规模祭祀。初三日，准备在蒲圃设宴招待季氏时杀死他，命令都邑里的战车部队说："初四那天都要来。"成地的宰臣公敛处父告诉孟孙说："季氏命令战车部队，是什么缘故？"孟孙说："我没有听说过。"处父说："那么这就是叛乱了，必定会涉及您，是不是先准备一下？"和孟孙约定以初三作为预定日期。

阳虎驱车走在前边，林楚为桓子驾车，警卫军官手持铍、盾在两边夹护，阳越走在最后。快到蒲圃的时候，桓子突然对林楚说："你的先人都是季氏家族的忠良之臣，你也要以此来继承他们。"林楚说："下臣听到这话已经晚了。阳虎执政，鲁国人都服从他，违背他就是找死，死了也对主人没有好处。”桓子说：“有什么晚的？你能带我去孟氏那里吗？”林楚回答说：“我不怕死，怕的是不能使主人免于祸难。”桓子说：“去吧！”孟氏挑选了三百个健壮奴隶为公期在门外造房子。林楚鞭打乘马，到了大街上就飞跑而去。阳越用箭射他，没有射中。造房子的人关上大门。有人从门缝里用箭射阳越，杀死了他。阳虎劫持鲁定公和武叔以攻打孟氏。公敛处父率领成地人从上东门进入，和阳氏在南门里边作战，没有战胜。又在棘下作战，阳氏战败。阳虎脱去皮甲，去到公宫，拿了宝玉、大弓出来，住在五父之衢，自己睡下并命令下人做饭。他的同伙说：“追赶的人恐怕快来了。”阳虎说：“鲁国人听说我出去了，正高兴可以晚点死了，哪里有空来追我？”跟随的人说：“快点套上马车吧！公敛处父在那里。”公敛处父请求追赶阳虎，孟孙不答应。公敛处父想要杀死季桓子，孟孙害怕，就把季桓子送回家去。季寤在季氏的祖庙里向祖宗一一斟酒祭告，然后逃走。阳虎进入欢地、阳关而叛变。

评析

阳虎是一个毫无政治基础与雄豪家底的平民，却在乱世中从一介家臣一跃而成为鲁国第一大权臣，可见其聪明才智之过人、野心之硕大，可谓是乱世奇才。即使是在政变失败后逃至齐国，也还受到齐景公的赏识及鲍国的忌惮，最后阳虎逃到晋国，赵简子力排众议，重用阳虎，结果赵氏在晋国逐渐壮大。

阳虎用人不计品行出身，大肆招揽人才，但“不善树人”。孔子也是在阳虎的“邀请”下答应出来做官，但阳虎与孔子的政见不同。阳虎作为季孙家的家臣，囚禁季桓子，执政鲁国，大有僭越之意。孔子很不认可这种“陪臣执国命”的僭越举动。阳虎在鲁国执政三年，一改忍耐退缩的国策，在打退了齐国的进犯之后，甚至北上进攻齐国，结果只能是以卵击石。阳虎在某些方面还有着民主的先进想法，他提倡“主贤明则悉心以事之，不肖则饰奸而试之”。臣子若是遇到贤能的君主应当尽全力协助他，若遇到无能的便代替他。与其服侍一个昏君，不如揭竿而起，废而代之。因为这个思想，近两千年来，阳虎为众多统治者所排挤，并给他戴上了乱臣贼子的帽子。

九、卫南子之宠

背景

南子（？—前481）原是宋国公主，后嫁卫灵公为夫人。虽然贵为国君夫人，但是这个人生性淫乱，在未出嫁的时候就和宋国的公子朝私通，在嫁去卫国之后还多次到宋国去见公子朝。传闻在卫国的时候，南子和卫灵公手下的将军弥子瑕有染。卫灵公之子蒯聩忍受不了外界的嘲笑，想和家臣戏阳速一起把南子杀掉。结果戏阳速反悔，没有行动，被南子察觉，蒯聩于是逃亡宋国。卫灵公因其疑心重且脾气暴躁留下不好的历史评价，但他擅长识人，知人善任，正是由于他提拔的三个大夫孔圉、祝鮀、王孙贾的互相配合，才使卫国的国家机器运行正常。

原文

卫侯为夫人南子召宋朝，会于洮。大子蒯聩献盂于齐，过宋野。野人歌之曰："既定尔娄猪，盍归吾艾豭？"大子羞之，谓戏阳速曰："从我而朝少君。少君见我，我顾，乃杀之。"速曰："诺。"乃朝夫人。夫人见大子，大子三顾，速不进。夫人见其色，啼而走，曰："蒯聩将杀余。"公执其手以登台。大子奔宋，尽逐其党，故公孟彄出奔郑，自郑奔齐。

太子告人曰："戏阳速祸余。"戏阳速告人曰："大子则祸余。大子无道，使余杀其母。余不许，将戕于余。若杀夫人，将以余说。余是故许而弗为，以纾余死。谚曰：'民保于信。'吾以信义也。"

（节选自《左传纪事本末》 卷四十《卫灵公之立》）

译文

卫灵公为了夫人南子召见宋朝，在洮地会见。太子蒯聩把盂地献给齐国，路过宋国野外。野外的人唱歌说："已经满足了你们的母猪，何不归还我们那漂亮的公猪？"太子感到羞耻，对戏阳速说："跟着我去朝见夫人。夫人接见我，我一回头看你，你就杀死她。"戏阳速说："是。"于是就去朝见夫人。夫人接见太子，太子回头看了三次，戏阳速不肯向前。夫人看到了太子的脸色，号哭着逃走，说："蒯聩要杀死我。"卫灵公拉着她的手登上高台。太子逃亡到宋国，卫灵公把太子的党羽全部赶走，所以公孟驱逃亡到郑国，又从郑国逃亡到齐国。

太子告诉别人说："戏阳速嫁祸于我。"戏阳速告诉别人说："太子嫁祸于我。太子无道，派我杀死他的母亲。我不答应，他就会杀死我。如果我杀死了夫人，他就会把罪过推到我身上。所以我答应了而不去做，以此暂免一死。俗话说：'百姓用信用保全自己。'我是用道义来作为信用的。"

评析

宋国的百姓对于卫灵公的夫人南子与公子朝的奸情十分清楚，并且十分鄙夷地称这一对美男美女为艾豭、娄猪。既然普通老百姓都知道这个事情，卫灵公不应该不知道，但是他还是宠爱南子，甚至在太子满是杀意的会面中保护南子。戏阳速却在行刺的节骨眼上背叛太子，投靠了他的敌对势力。虽然最后他说是为了道义，但是这只是他为了给自己的反叛找的借口。

卫灵公好男色，而公子朝也是个美男子，所以卫灵公也自然对其青睐有加。南子不是只会色诱国君的普通女子，她还喜欢干预政事，她在见孔子的时候提及“四方之君子，不辱欲与寡君为兄弟者，必见寡小君”，可见她对于政治活动十分热衷，并且卫灵公年纪也比较大了，有个人帮助他处理政事，给他提供更多的时间来享乐，何乐而不为呢？这也许就是卫灵公处处护着南子的原因。她之所以会想着去见孔子，也是因为孔子作为有才华的贤人，自然是政坛人士追求的目标，可见南子在参政上并不是没有眼光。

兵家权谋与策士智慧

一、齐鲁长勺之战

背景

齐、鲁两国都在今天的山东省，齐国在东北部，鲁国在西南部。公元前 697 年，齐襄公即位，在位期间暴虐无道，政令无常。他的弟弟公子小白和公子纠分别逃到莒国和鲁国避难。第二年齐襄公被大臣所弑，公子小白率先回到齐国继承君位，即齐桓公。随后，鲁庄公亲自护送公子纠回到齐国，想要和齐桓公争夺君位。公元前 696 年八月，鲁师与齐师战于乾，鲁师大败。鲁庄公被迫杀公子纠向齐桓公投诚。鲁庄公十年（前 684）春季，齐国再次以此为借口兴兵攻鲁，两军战于长勺，这就是曹刿论战中记叙的长勺之战。高士奇在“发明”中提出：“齐欲灭纪，而鲁以婚姻昵纪，故齐与鲁为仇。长勺之战，齐、鲁相仇之终。”由此看出，齐、鲁长勺之战是齐国称霸道路上的必然举措，而其失败也是暂时的挫折。

原文

十年春，齐师伐我。公将战，曹刿请见。其乡人曰：“肉食者谋之，又何间焉？”刿曰：“肉食者鄙，未能远谋。”乃入见，问：“何以战？”公曰：“衣食所安，弗敢专也，必以分人。”对曰：“小惠未遍，民弗从也。”公曰：“牺牲玉帛，弗敢加也，必以信。”对曰：“小信未孚，神弗福也。”公曰：“小大之狱，虽不能察，必以情。”对曰：“忠之属也，可以一战。战则请从。”

公与之乘，战于长勺。公将鼓之，刿曰：“未可。”齐人三鼓，刿曰：“可矣。”齐师败绩。公将驰之，刿曰：“未可。”下视其辙，登轼而望之，曰：“可矣。”遂逐齐师。

既克，公问其故。对曰：“夫战，勇气也。一鼓作气，再而衰，三而竭。彼竭我盈，故克之。夫大国，难测也，惧有伏焉。吾视其辙乱，望其旗靡，故逐之。”

（节选自《左传纪事本末》 卷十七《齐襄公之弑》）

译文

鲁庄公十年春季，齐国军队攻打鲁国。鲁庄公准备迎战，曹刿请求拜见鲁庄公。他的同乡说：“当权的人自然会谋划这件事，你又何必参与呢？”曹刿说：“当权的人目光短浅，不能深谋远虑。”于是入朝拜见鲁庄公。曹刿问：“您凭借什么作战？”鲁庄公说：“衣食这类养生的东西，我从来不敢独自享有，一定把它分给别人。”曹刿回答说：“这种小恩小惠不能遍及百姓，百姓是不会顺从您的。”鲁庄公说：“祭祀神灵的牲畜、玉帛，我从来不敢虚报数目，一定如实禀告上天。”曹刿回答说：“小小的信用，不能取得神灵的信任，神灵是不会保佑您的。”鲁庄公说：“大大小小的诉讼案件，虽然不能明察秋毫，也一定根据实情来处理。”曹刿说：“这是为百姓尽力的一种表现，可以凭此一战。如果作战，请允许我跟随您一同去。”

到了作战的那一天，鲁庄公和曹刿同乘一辆战车，在长勺与齐军作战。鲁庄公准备下令击鼓进军，曹刿说：“现在不行。”等到齐军三次击鼓后，曹刿说：“现在可以击鼓进军了。”齐军大败。鲁庄公准备下令追击齐军，曹刿说："还不行。"说完下了战车，细看齐军的车辙，又登上战车，扶着车前横木远望齐军的队形，说："可以追击了。"于是追击齐军。

打了胜仗之后，鲁庄公向他询问取胜的原因。曹刿回答说："作战，靠的是士气。第一次击鼓能够振作士兵的士气，第二次击鼓士兵们的士气就衰弱了，第三次击鼓士兵们的士气就消耗尽了。他们的士气已经衰竭而我军的士气正盛，所以才战胜了他们。像齐国这样的大国，情况难以捉摸，我害怕他们设下埋伏。我看见他们的车辙已经乱了，望见他们的旗帜已经倒下了，所以决定追击他们。"

评析

相传曹刿是周文王第六子曹叔振铎的后代，但他对朝中的肉食者产生了一种抵触情绪，认为他们目光短浅，由此我们可以推断他是一个平民隐士。他与鲁庄公在战前的三番问答奠定了他的作战理念：取信于民，即依靠百姓来取得战争的胜利。要与百姓共享物质上的财富，要对百姓讲信用（而不只是神灵），要公正地裁决民情，这样百姓才会拥戴他。这种思想在春秋时期十分盛行，几乎是儒家思想的缩影。孟子曾说："民为贵，社稷次之，君为轻。"《孔子家语》亦有言："君者舟也，庶人者水也。水所以载舟，亦所以覆舟。"民是一个国家的根本，没有百姓的拥戴，君王如同虚设，国家也就不复存在。可见在春秋时期，很多思想家就已经意识到人民的重要性。

曹刿的人格魅力还在于他的战略眼光和谨慎的作战风格。他深知如果正面作战，鲁国攻打齐国无异于以卵击石，所以他选择了等待，在齐军困乏之时给予致命一击。在一场战争中，作战时机是十分重要的。例如，春秋五霸之一的宋襄公，在敌军过河时不发起进攻，觉得这样不符合道义，以致后来被渡过河的敌军射伤，这就是没有抓住正确作战时机的后果。鲁军与齐军打的是一场消耗战，在齐军锋芒毕露时避其锋芒，在齐军士气低落时乘胜追击。同时，曹刿的追击也十分具有战略头脑，他没有贸然发起进攻，而是在仔细观察敌军虚实后才决定追击，这也在一定程度上反映了他用兵之谨慎。曹刿深知兵不厌诈，像齐国这样的大国，绝不会在三鼓过后就溃不成军，很有可能以此为诱饵来诱使鲁军深入，从而内外夹击。他没有忘记敌强我弱，在确认无误后才加以追击，从而把握整个战局。在战争中往往先发制人，以占领战略先机，但长勺之战却因实力悬殊而逆向思维，成为中国后世“后发制人”防御战略的宝贵经验。

这场战争是一场以少胜多、以弱胜强的典型战役，折损了齐军的锐气，使得齐桓公再也不敢小觑鲁国，也间接维护了齐鲁两国一定时间内的和平与外交，鲁国因此得到了一定的发展。

二、晋灭虞虢

背景

春秋初期，诸侯并立，兼并无已。位处中原地带的晋国，在这场弱肉强食的大混战中不断兼并征服小国，势力迅速崛起。晋献公是曲沃武公的儿子，于公元前677年继位为晋国的国君。晋献公吸取了曲沃灭晋的教训，除掉了曲沃桓叔和曲沃庄伯的宗族势力，消灭了内乱的隐患。在位期间多次征伐外地，大大扩张了晋国的领土。假途灭虢之战，是春秋初年晋国诱骗虞国借道，一石双鸟，先后攻灭虢、虞两个小国的一次作战。

原文

桓公十年春，虢仲谮其大夫詹父于王。詹父有辞，以王师伐虢。夏，虢公出奔虞。

初，虞叔有玉，虞公求旃，弗献。既而悔之，曰："周谚有之：'匹夫无罪，怀璧其罪。'吾焉用此，其以贾害也？"乃献之。又求其宝剑，叔曰："是无厌也。无厌，将及我。"遂伐虞公，故虞公出奔共池。

庄公二十六年秋，虢人侵晋。冬，虢人又侵晋。

二十七年冬，晋侯将伐虢。士蒍曰："不可。虢公骄，若骤得胜于我，必弃其民。无众而后伐之，欲御我，谁与？夫礼乐、慈爱，战所畜也。夫民，让事，乐和，爱亲，哀丧，而后可用也。虢弗畜也。亟战将饥。”

三十二年秋七月，有神降于莘。惠王问诸内史过曰：“是何故也？”对曰：“国之将兴，明神降之，监其德也；将亡，神又降之，观其恶也。故有得神以兴，亦有以亡。虞、夏、商、周皆有之。”王曰：“若之何？”对曰：“以其物享焉。其至之日，亦其物也。”王从之。内史过往，闻虢请命，反曰：“虢必亡矣。虐而听于神。”神居莘六月。虢公使祝应、宗区、史嚚享焉，神赐之土田。史嚚曰：“虢其亡乎！吾闻之：‘国将兴，听于民；将亡，听于神。’神，聪明正直而壹者也，依人而行。虢多凉德，其何土之能得？”

僖公二年，晋荀息请以屈产之乘与垂棘之璧，假道于虞以伐虢。公曰：“是吾宝也。”对曰：“若得道于虞，犹外府也。”公曰：“宫之奇存焉。”对曰：“宫之奇之为人也，懦而不能强谏；且少长于君，君昵之，虽谏，将不听。”乃使荀息假道于虞，曰：“冀为不道，入自颠軨，伐鄍三门。冀之既病，则亦惟君故。今虢为不道，保于逆旅，以侵敝邑之南鄙，敢请假道，以请罪于虢。”虞公许之，且请先伐虢。宫之奇谏，不听。遂起师。夏，晋里克、荀息帅师会虞师伐虢，灭下阳。先书‘虞’，贿故也。

秋，虢公败戎于桑田。晋卜偃曰：“虢必亡矣。亡下阳不惧，而又有功，是天夺之鉴，而益其疾也。必易晋而不抚其民矣，不可以五稔。”

五年秋，晋侯复假道于虞，以伐虢。宫之奇谏曰：“虢，虞之表也；虢亡，虞必从之。晋不可启，寇不可玩。一之为甚，其可再乎？谚所谓‘辅车相依，唇亡齿寒’者，其虞、虢之谓也。”公曰：“晋，吾宗也，岂害我哉？”对曰：“大伯、虞仲，大王之昭也；大伯不从，是以不嗣。虢仲、虢叔，王季之穆也；为文王卿士，勋在王室，藏之盟府。将虢是灭，何爱于虞？且虞能亲于桓、庄乎？其爱之也？桓、庄之族何罪？而以为戮，不惟逼乎！亲以宠逼，犹尚害之，况以国乎？”公曰：“吾享祀丰洁，神必据我。”对曰：“臣闻之：‘鬼神非人实亲，惟德是依。’故《周书》曰：‘皇天无亲，惟德是辅。’又曰：‘黍稷非馨，明德惟馨。’又曰：‘民不易物，惟德繄物。’如是，则非德，民不和，神不享矣。神所冯依，将在德矣。若晋取虞，而明德以荐馨香，神其吐之乎？”弗听，许晋使。宫之奇以其族行，曰：“虞不腊矣，在此行也，晋不更举矣。”

八月甲午，晋侯围上阳，问于卜偃曰：“吾其济乎？”对曰：“克之。”公曰：“何时？”对曰：“童谣云：‘丙之晨，龙尾伏辰，均服振振，取虢之旂。鹑之贲贲，天策焞焞，火中成军，虢公其奔。’其九月、十月之交乎！丙子旦，日在尾，月在策，鹑火中，必是时也。”

冬十二月丙子朔，晋灭虢，虢公丑奔京师。师还，馆于虞，遂袭虞，灭之。执虞公及其大夫井伯，以媵秦穆姬，而修虞祀，且归其职贡于王。故书曰“晋人执虞公”，罪虞，且言易也。

（节选自《左传纪事本末》 卷二十四《晋灭虞虢》）

鲁桓公十年，虢国的国君虢仲与大夫詹父发生矛盾，便到周天子面前说詹父的坏话。詹父占理，率领周天子的军队讨伐虢仲。虢仲知道打不过，于是匆忙逃到虞国。

当初，虞叔有一块宝玉，虞国国君向虞叔讨要，虞叔不肯进献。不久，虞叔又后悔，说：“周人有一句谚语‘匹夫无罪，怀璧其罪’（一个人本来没有罪，可当他身怀宝玉的时候就有罪了）。既然如此，我何必保留它，让它来为我招惹灾祸呢？”于是就把宝物献给了国君。虞公又向虞叔要宝剑，虞叔说：“他这是贪得无厌。如此下去，将要加害于我。”于是讨伐虞公，所以虞公逃到共池。

鲁庄公二十六年秋季，虢国派兵骚扰晋国。冬季，又来骚扰晋国。

二十七年冬季，晋侯将要讨伐虢国。士蔿劝阻说：“不可轻举妄动。虢公骄狂无度，如果他事事都凌驾于我国之上，必然会更狂傲，丧失民心。等到民心尽失，我们再进攻，谁会与他一起抵御我们？礼、乐、慈、爱，这四要素是战争的重要条件。使人民谦让有礼、安和乐利、抚养亲人、哀悼死亡，然后才能使他们为国效力。虢国不具备这些条件，人民都有后顾之忧，虢公却急于对外发动战争，怎能不导致国家灭亡？”

三十二年秋季七月，有神降临在虢国的莘地。周惠王就此事询问内史过：“这是怎么回事？”内史过回答说：“一个国家将要兴旺发达，神灵会出现佑助，观察这个国家实施的德政；将要灭亡，神灵也会出现，观察这个国家的暴政。所以，有神灵出现时，可能是要兴盛，也可能是要灭亡。虞、夏、商、周都有这种情况。”周惠王说：“那我该怎么办？”内史过回答说：“用相应的物品来祭祀。他来到的日子，按规定，这个日子的祭祀该是什么，也就是他的祭品。”周惠王听从了他的建议。内史过随同一起去祭祀，他听到虢国请求神明赐予土地，回来说：“虢国必定要灭亡了，暴虐而听命于神明。”神明在莘地住了六个月。虢公派遣祝应、宗区、史嚚去祭祀，神明答应赐给他疆土田地。史嚚说：“虢国恐怕要灭亡了吧！我听说：‘国家将要兴起，听百姓的；将要灭亡，听神明的。’神明，是聪明正直而一心一意的，按照不同的人而行事。虢国多的是恶德坏事，又有什么土地能够得到？”

鲁僖公二年，晋国大夫荀息请求用屈地产的名马和垂棘出产的美玉，向虞国借道攻打虢国。献公说：“这些东西是我的宝物啊。”荀息说：“如果我们消灭了虞国外面的虢国，虞国就是我们的国库。”献公说：“虞国还有宫之奇。”荀息说：“宫之奇为人懦弱，不能坚持自己的主见；而且他从小同虞公一起长大，他们关系亲昵，即使宫之奇进谏，虞公也不会听。”于是晋献公派荀息带着宝马和美玉去虞国借道，荀息说：“从前冀国不讲道义，从颠軨入侵你们，攻打你们鄍邑的三面城门。

虞国奋起反抗，击败冀国，这完全是依靠您的英明圣德啊。现在虢国不讲道义，在客舍里筑起堡垒，以侵袭敝国的南部边邑，我们敢请借路，以便向虢国问罪。”虞公同意了，并且请求让自己先去讨伐虢国。宫之奇劝谏虞公，虞公不听。于是起兵伐虢。这年夏天，晋国的里克、荀息领兵会同虞军攻打虢国，灭掉了下阳。把“虞”写在前面，这是由于虞国受贿的缘故。

秋季，虢公在桑田打败了戎人。晋国的卜偃说：“虢国必将被灭亡。被灭掉了下阳还不知戒惧，又新建战功，这是上天夺去虢公的镜子，让他失去自知之明，加重他的作恶啊！虢国必定轻视晋国又不爱抚百姓，过不了五年，必然灭亡。”

鲁僖公五年秋季，晋献公又向虞国借路，以便攻打虢国。宫之奇进谏说：“虢国是虞国的外城墙，如果虢国被灭亡了，虞国必然跟着被灭亡。晋国贪得无厌，我们不能助长这种行为。上次借道就是错误的，怎可一错再错？俗话说的‘辅车相依，唇亡齿寒’，用来形容虞国和虢国再恰当不过了。”虞公说：“晋国和我们是同宗，难道还会害我吗？”宫之奇答道：“太伯、虞仲，都是太王的儿子；太伯因为逃亡离去，所以没有继位。虢仲、虢叔，都是王季的儿子，做过文王的卿士，对于王室有大功，受封的典册还藏在盟府里面。现在，晋国要灭掉虢国了，对于虞国又有什么舍不得呢？况且，虞国能比桓叔和庄伯更亲近晋侯吗？桓叔、庄伯两族有什么罪过，晋侯却把他们杀掉，不就是因为晋侯感觉到他们的威胁吗？亲近而且受宠，一旦威胁到晋侯，都尚且被杀害，更何况虞国？”虞公说：“我祭祀的祭品丰盛而且清洁，神灵一定会保佑我的。”宫之奇回答说：“我听说，神灵不是保佑所有的人，谁有品德他就保佑谁。所以《周书》上说：‘上天不亲近任何人，只帮助有德行的人。’又说：‘祭祀的黍稷并不算芳香，光明的德行才芳香。’又说：‘人们不必改换祭品，只有德行才可以充当祭品。’像这样，没有德行，百姓就不和睦，祭品再丰洁，神灵也不会来享用祭物。神所依据的，只在于德行。如果晋国消灭虞国，崇尚德行，以芳香的祭品奉献给神灵，神灵难道会吐出来吗?”虞公不听宫之奇的劝阻，答应了晋国使者借路的要求。宫之奇带着全族的人离开了虞国。他说：“虞国的灭亡，不要等到岁终祭祀的时候了。晋国只需这一次行动，不必再出兵了。”

八月十七日，晋献公率军包围了虢国都城上阳。献公问大夫卜偃：“寡人这次能否一战功成?”卜偃回答：“一定能!”献公问：“什么时候?”卜偃答：“有歌谣唱道：‘丙日的清晨看不见尾星，一色的军装多么威武，军旗迎风招展。鹑星光芒四射，天策星黯淡无光，火星升高之时，虢公狼狈逃窜!’依此看，丙子日的清晨，太阳在尾星附近，月亮在天策星周围，鹑星出现于正南方，这样的星象大约在九十月之际。我们晋国可能就在此时取胜。”

冬季十二月初一日，晋国灭掉了虢国，虢公丑逃到东周的都城。晋军回师途中安营驻扎在虞国，乘机突然发动进攻，灭掉了虞国，捉住了虞公和他的大夫井伯，把井伯作为秦穆姬的陪嫁随从。然而仍继续祭祀虞国的祖先，并且把虞国的贡物仍归于周天子。所以《春秋》中记载说“晋人执虞公”，这是归罪于虞公，并且说事情进行得很容易。

评析

没有人民的支持，国家必然会灭亡，这是《左传》体现的“民本”思想。虢公恃宠而骄，目无他人，不思改过自新。虞公贪得无厌，鼠目寸光，刚愎自用，不体恤民众，没有认清形势。有远见卓识的虞国大夫宫之奇，早就看清了晋国的野心。他力谏虞公，有力地驳斥了虞公对宗族关系和神权的迷信，指出存亡在人不在神，又一次强调了“民本”，认为应该实行德政。最后，宫之奇离走，虞公被活捉。

晋国先给喜欢玩乐的虢公送些美女去，这是美人计；离间虞和虢，让他们互不信任，这是离间计；晋献公约虞公前去打猎，这是调虎离山。看来，晋国想吞并这两个国家已经是蓄谋已久了。晋军的胜利，还在于它能够做到“必胜之兵必隐”这一点，以借道的假象巧妙掩盖自己逐个攻灭虢、虞的真实企图。“兵不厌诈”，晋国君臣深谙此中奥秘，故能确保自己以强击弱、以大攻小战略意图的实现。在行施“借道”这一计谋的过程中，晋国君臣还能针对虞公贪利爱财的弱点，诱之以利，迷惑其心智，使敌人始终由自己牵着鼻子走，无所作为。

大夫荀息善于揣摩他人心理，能言善辩，看事通透，敢于谏言。晋献公励精图治，善于采纳他人意见，有雄伟抱负，最终必能成大事。这样一石二鸟的方法，确实是令人称赞，既为自己的国家扩大了疆土，同时知道以小利换大利，也保证了自己国家的利益不被侵犯，为后来不管是军事还是商业竞争提供了很好的模板与方法。“假道伐虢”这个故事给我们的启示是：要有长远的眼光，不能贪图眼前小利。要多听听别人的建议，凡事都要经过思考。

三、晋楚城濮之战

背景

《左传》中所记载的战争大小有数百次，强国攻打弱国，弱国间也相互攻击以谋求强国地位，有时国家内部还会发生战乱。城濮之战发生在春秋僖公二十八年（前632）。楚宋泓水之战以后，楚国在中原的扩张已无阻力，楚国的势力一度到达黄河以北，很多诸侯国纷纷选择臣服于强大的楚国。与此同时，晋国在晋文公的统治下，对内举贤任能，大力发展经济和军事，对外施行“尊王攘夷”的政治路线，使晋国在五年内就平复了内乱，国力迅速增强。

城濮之战爆发的直接原因是楚国发兵进攻宋国，宋国派人向晋国求救。晋文公因宋公曾待他很好，便召开会议商量如何救宋。晋国当时想向楚国去说情，怕楚国不肯，如若和楚国去打仗，自己也不大愿意，而且又怕齐国、秦国不赞成。后来想出了一个办法：先答应宋国，并说明原因，叫宋国先和齐国、秦国联系，请齐国、秦国与楚国交涉，送些礼物给齐国、秦国。而晋国先出兵伐曹国、卫国，把曹国、卫国灭掉，将他们的土地分一些给宋国，以弥补宋国的损失。晋文公的一番运作使晋国在正面战场开打之前早已在外交战上占尽优势。

原文

夏四月戊辰，晋侯、宋公、齐国归父、崔夭、秦小子慭次于城濮。楚师背酅而舍，晋侯患之。听舆人之诵曰："原田每每，舍其旧而新是谋。"公疑焉。子犯曰："战也！战而捷，必得诸侯。若其不捷，表里山河，必无害也。"公曰："若楚惠何?"栾贞子曰："汉阳诸姬，楚实尽之。思小惠而忘大耻，不如战也。"晋侯梦与楚子搏，楚子伏己而盬其脑，是以惧。子犯曰："吉。我得天，楚伏其罪，吾且柔之矣!"

子玉使斗勃请战，曰："请与君之士戏，君冯轼而观之，得臣与寓目焉。"晋侯使栾枝对曰："寡君闻命矣。楚君之惠，未之敢忘，是以在此。为大夫退，其敢当君乎? 既不获命矣，敢烦大夫，谓二三子：'戒尔车乘，敬尔君事，诘朝将见。'"

晋车七百乘，韅、靷、鞅、靽。晋侯登有莘之虚以观师，曰："少长有礼，其可用也。"遂伐其木，以益其兵。

己巳，晋师陈于莘北，胥臣以下军之佐当陈、蔡。子玉以若敖之六卒将中军，曰："今日必无晋矣!"子西将左，子上将右。胥臣蒙马以虎皮，先犯陈、蔡。陈、蔡奔，楚右师溃。狐毛设二旆而退之，栾枝使舆曳柴而伪遁，楚师驰之。原轸、郤溱以中军公族横击之，狐毛、狐偃以上军夹攻子西，楚左师溃。楚师败绩。子玉收其卒而止，故不败。

晋师三日馆、谷，及癸酉而还。甲午，至于衡雍，作王宫于践土。

乡役之三月，郑伯如楚致其师。为楚师既败而惧，使子人九行成于晋。晋栾枝入盟郑伯。五月丙午，晋侯及郑伯盟于衡雍。丁未，献楚俘于王，驷介百乘，徒兵千。郑伯傅王，用平礼也。己酉，王享醴，命晋侯宥。王命尹氏及王子虎、内史叔兴父策命晋侯为侯伯，赐之大辂之服、戎辂之服、彤弓一、彤矢百、玈弓矢千、秬鬯一卣、虎贲三百人，曰："王谓叔父：'敬服王命，以绥四国，纠逖王慝。'"晋侯三辞，从命，曰："重耳敢再拜稽首，奉扬天子之丕显休命。"受策以出，出入三觐。

卫侯闻楚师败，惧，出奔楚，遂适陈，使元咺奉叔武以受盟。癸亥，王子虎盟诸侯于王庭，要言曰："皆奖王室，无相害也！有渝此盟，明神殛之，俾队其师，无克祚国，及而玄孙，无有老幼！"君子谓是盟也信，谓晋于是役也，能以德攻。

初，楚子玉自为琼弁、玉缨，未之服也。先战，梦河神谓己曰："畀余，余赐女孟诸之麋。"弗致也。大心与子西使荣黄谏，弗听。荣季曰："死而利国，犹或为之，况琼玉乎？是粪土也。而可以济师，将何爱焉？"弗听。出，告二子曰："非神败令尹，令尹其不勤民，实自败也。"既败，王使谓之曰："大夫若入，其若申、息之老何？"子西、孙伯曰："得臣将死，二臣止之，曰：'君其将以为戮。'"及连谷而死。晋侯闻之，而后喜可知也，曰："莫余毒也已！𫇭吕臣实为令尹，奉己而已，不在民矣。"

城濮之战，晋中军风于泽，亡大旆之左旃，祁瞒奸命，司马杀之，以徇于诸侯，使茅茷代之。师还。壬午，济河，舟之侨先归，士会摄右。秋七月丙申，振旅，恺以入于晋，献俘授馘，饮至大赏，征会讨贰，杀舟之侨以徇于国，民于是大服。君子谓文公"其能刑矣，三罪而民服。《诗》云：'惠此中国，以绥四方。'不失赏刑之谓也"。

（节选自《左传纪事本末》 卷二十五《晋文公之伯》）

译文

夏季四月初一日，晋文公、宋成公、齐国大夫国归父和崔夭以及秦穆公的儿子小子憖一起驻军城濮。楚军背靠险要酅地扎营，晋文公很担心，怕楚军凭险进攻。他听到众人唱道："原野上青草多茂盛，除掉旧根播新种。"晋文公心中疑虑。子犯说："打吧！打了胜仗，一定会得到诸侯的拥戴。如果战败，晋国外有黄河，内有太行，也必定不会受什么损害。”晋文公说：“那楚国从前对我们的恩惠怎么办呢？”栾贞子说：“汉水北面那些姬姓的诸侯国，全被楚国吞并了。想着过去的小恩小惠，会忘记这个奇耻大辱，不如同楚国打一仗。”晋文公夜里梦见同楚成王搏斗，楚成王把他打倒，趴在他身上吸他的脑汁，所以有些害怕。子犯说：“这是吉利的征兆。我们得到天助，楚王面向地伏罪，我们会使他驯服的。”

子玉派斗勃来要求交战，说：“我军愿与晋军较量一番，请贵君扶着车前的横木观看，我子玉也要奉陪观看。”晋文公派栾枝答复他说：“我们的国君听到贵国的命令了。楚王的恩惠，我们不敢忘记，所以才退到这里。对大夫子玉我们都要退让，又怎么敢抵挡楚君呢？既然得不到贵国退兵的命令，那就劳您费心转告贵国将领：准备好你们的战车，认真对待贵君交付的任务，咱们明天早晨战场上见。”

晋军有七百辆战车，韅、靷、鞅、靽等车马装备齐全。晋文公登上古莘旧城的废墟检阅了军容，说：“少壮的在前，年长的在后，军队已经知道礼让，可以用来作战了。”于是命令士兵砍下山上的树木，补充兵器。

初二日这一天，晋军在莘北摆好阵势，下军副将胥臣领兵抵挡陈、蔡两国军队。楚国主将子玉以若敖的亲兵作为中军，说：“今天一定会消灭晋军！”子西统率楚国左军，子上（斗勃）统率楚国右军。晋将胥臣把虎皮蒙在战马身上，先攻陈、蔡联军。陈、蔡联军败逃，楚国的右军溃败了。晋国上军主将狐毛竖起两面大旗假装撤退，晋国下军主将栾枝让战车拖着树枝假装逃跑，楚军受骗追击。原轸和郤溱率领晋军中军精锐兵力从中间拦腰攻击楚军，狐毛和狐偃指挥上军从两边夹击子西，楚国的左军也溃败了。结果楚军大败。子玉及早收兵不动，所以他的中军没有溃败。

晋军在楚军营地住了三天，吃缴获的军粮，到初六日才启程回国。

四月二十七日，晋军到达衡雍，在践土为周襄王造了一座行宫。

在城濮之战前的三个月，郑文公曾到楚国去把郑国军队交给楚国指挥。现在郑文公因为楚军打了败仗而感到害怕，便派子人九去向晋国求和。晋国的栾枝去郑国与郑文公议盟。五月十一日，晋文公和郑文公在衡雍订立了盟约。五月十二日，晋文公把楚国的俘虏献给周襄王，有四马披甲的兵车一百辆，步兵一千人。郑文公替周襄王主持典礼仪式，用从前周平王接待晋文侯的礼节来接待晋文公。五月十四日，周襄王用甜酒款待晋文公，并劝晋文公进酒。周襄王命令尹氏、王子虎和内史叔兴父用策书任命晋文公为诸侯首领，赏赐给他一辆大辂车和整套服饰仪仗、一辆大戎车和整套服饰仪仗、红色的弓一把、红色的箭一百支、黑色的弓十把、黑色的箭一千支、黑黍米酿造的香酒一卣、勇士三百人，并说："周王对叔父说：'恭敬地服从周王的命令，安抚四方诸侯，监督惩治坏人。'"晋文公辞让了三次，才接受了王命，说："重耳再拜叩首，接受并发扬周天子伟大、光明、美善的命令。"晋文公接受策书后离开了王宫。晋文公前后一共朝见周天子三次。

卫成公听到楚军被晋军打败了，很害怕，出逃到楚国，后又逃到陈国。卫国派元咺辅佐叔武去接受晋国与诸侯的盟约。五月二十八日，王子虎和诸侯在周王的厅堂订立了盟约，并立下誓词说："各位诸侯都要扶助王室，不能互相残害。如果有人违背盟誓，圣明的神灵会惩罚他，使他的军队覆灭，不能再享有国家，直到他的子孙后代，不论年长年幼，都逃不脱惩罚。"君子认为这个盟约是诚信的，说晋国在这次战役中是依凭德义进行的征讨。

当初，楚国的子玉自己做了一套用美玉装饰的马冠和马鞅，但还不曾用过。交战之前，子玉梦见河神对自己说："把它们送给我！我赏赐给你宋国孟诸的沼泽地。"子玉不肯送给河神。子玉的儿子大心和楚国大夫子西让荣黄去劝子玉，子玉不听。荣黄说："如果有利于国家，牺牲性命也要做，何况是美玉呢！这些东西，不过是粪土而已。如果可以用来帮助军队得胜，有什么可以吝惜的?”子玉还是不听。荣黄出来告诉大心和子西说：“不是神灵要让令尹打败仗，而是令尹不肯为民众尽力，实在是自找失败。”楚军战败后，楚王派人对子玉说：“如果你回楚国来，怎么对申、息两地的父老们交代呢?”子西和大心对使臣说：“子玉本来想自杀，我们两人拦住他说：‘国君还要惩罚你呢。’”子玉到了连谷就自杀了。晋文公听到子玉自杀的消息，喜形于色，说：“今后没有人危害我了！楚国的芳吕臣当令尹，只知道保全自己，不会为老百姓着想。”

在城濮的战役中，晋军的中军在沼泽地遇到大风，丢掉了前军左边的大旗。祁瞒犯了军令，司马把他杀了，并通报诸侯，派茅茷代替他。晋军返回。六月十六日，晋军渡过黄河，舟之侨擅自先行回国，士会代理车右。秋季，七月某一天，晋军胜利归来，高唱凯歌进入晋国，在太庙将俘虏和敌人的左耳献上，并在太庙慰劳将士，犒赏军队，召集诸侯会盟和攻打有二心的国家。杀舟之侨并通报全国，百姓因此而大为顺服。君子认为晋文公“能够严明刑罚，杀了颠颉、祁瞒、舟之侨三个罪人而使百姓顺服。《诗》说：‘施惠于中原国家，安定四方的诸侯。’说的就是晋文公赏罚分明啊”。

评析

城濮之战，晋国能取得胜利，首先在于晋国能把握好时机与突破口。城濮之战开始前，晋国就定下了“楚始得曹，而新昏于卫，若伐曹、卫，楚必救之，则齐、宋免矣”这样一个总的作战方针。战争先是从卫国打响的，当时楚国刚刚与卫国联姻，晋国料到楚国一定会出兵救援卫国。初战的胜利为晋、齐之盟奠定了基础，也逼迫鲁国从楚国的阵营中分化出来。晋国接着以迅雷不及掩耳之势攻打并且占领曹国。至此，附于楚国的曹、卫两国都被晋国征服，由此大大地削弱了楚国的力量。接着，晋文公又采取原轸之谋，使齐、秦两国与晋结为联盟拒楚，以解除晋国的后顾之忧。在与楚国的正面交锋中，晋国恰当地选择了侧面战场，避开了楚国的主力部队，敢于后发制人，主动退避三舍，通过政治、军事上的主动来诱敌深入，先攻打敌人的薄弱环节，再逐一击破。这样晋国就掌握了主动权，使自己处于有利的战略地位，从而取得了辉煌的胜利。而楚军在战争的一开始就犯下了错误，同时进攻宋和齐，在取得优势的时候也没能乘胜追击，而是撤退回国。楚军对晋军连续性的军事行动没有丝毫的反击或者遏止手段。楚军输掉这场战役的很大一部分原因就在于失去了战场主动性，一直被晋军牵着鼻子走。

此外，晋文公善于用人也是取得战争胜利的原因之一。晋国的谋士原轸、狐偃、子犯、栾枝等人为晋文公出谋划策，既符合当时所宣扬的礼节，又能为晋国出兵提供好的借口。而楚国的用人不善也是导致失败的原因之一。作为楚国方面的主要将领，子玉的一举一动成为楚国胜败的关键。然而子玉易怒，治军残暴，骄傲轻敌，刚愎自用。楚王曾告诫子玉，让他不要与晋军作战，可是后来子玉是以区区的“愿以间执谗慝之口”的名义就贸然出兵。在晋军退避三舍之时，“楚众欲止，子玉不可”，如此一个得不到外界看好和支持的人，自然打不赢战争。

晋国“一战而霸”，关键是把重点放在了自身实力，特别是“软实力”的发展上。晋文公继位后不仅重视经济、军事的发展，而且特别注重“文之教也”，教导人民知义、知信、知礼。在物质上、精神上、制度上都做好了称霸的准备。晋国的每一步胜利，都充分发挥了将帅的主观能动作用，适应了客观规律，采取了正确的战略战术。战争是敌我双方的竞赛，力量在战争中一直在变化。人的主观努力，指挥员的能动作用的发挥，战略战术的恰当运用，对于敌我力量的转化，都起着极大的作用。这场战略决战的辉煌胜利，成就了晋文公中原霸主的地位，扼制了楚国的北进势头，稳定了中原形势，奠定了天下的格局。

四、秦晋殽之战

背景

公元前628年，晋文公重耳去世，晋襄公继位，郑国作为晋国的邻国，一向唯晋国马首是瞻。贪婪的秦穆公不听大臣蹇叔的劝谏，意图趁晋国国丧之期偷袭消灭郑国，一举扩大秦国版图和增加自己的影响力，晋国不愿意看到相邻的秦国灭郑，对己形成包围之势，于是就在殽设伏歼灭侵郑的秦军。

原文

（鲁僖公三十二年）冬，晋文公卒。庚辰，将殡于曲沃。出绛，柩有声如牛。卜偃使大夫拜，曰："君命大事：将有西师过轶我，击之，必大捷焉。"

杞子自郑使告于秦曰："郑人使我掌其北门之管，若潜师以来，国可得也。"穆公访诸蹇叔。蹇叔曰："劳师以袭远，非所闻也。师劳力竭，远主备之，无乃不可乎？师之所为，郑必知之，勤而无所，必有悖心。且行千里，其谁不知？"公辞焉。召孟明、西乞、白乙，使出师于东门之外。蹇叔哭之，曰："孟子！吾见师之出而不见其入也！"公使谓之曰："尔何知！中寿，尔墓之木拱矣！"蹇叔之子与师，哭而送之，曰："晋人御师必于殽，殽有二陵焉。其南陵，夏后皋之墓也；其北陵，文王之所辟风雨也。必死是间，余收尔骨焉。"秦师遂东。

三十三年春，秦师过周北门，左右免胄而下，超乘者三百乘。王孙满尚幼，观之，言于王曰："秦师轻而无礼，必败。轻则寡谋，无礼则脱。入险而脱，又不能谋，能无败乎?"及滑，郑商人弦高将市于周，遇之，以乘韦先，牛十二犒师，曰："寡君闻吾子将步师出于敝邑，敢犒从者。不腆敝邑，为从者之淹，居则具一日之积，行则备一夕之卫。"且使遽告于郑。

郑穆公使视客馆，则束载、厉兵、秣马矣。使皇武子辞焉，曰："吾子淹久于敝邑，唯是脯资、饩牵竭矣。为吾子之将行也，郑之有原圃，犹秦之有具囿也，吾子取其麋鹿，以闲敝邑，若何?"杞子奔齐，逢孙、扬孙奔宋。孟明曰："郑有备矣，不可冀也。攻之不克，围之不继，吾其还也。"灭滑而还。

晋原轸曰："秦违蹇叔，而以贪勤民，天奉我也。奉不可失，敌不可纵。纵敌，患生；违天，不祥。必伐秦师！"栾枝曰："未报秦施而伐其师，其为死君乎?"先轸曰："秦不哀吾丧而伐吾同姓，秦则无礼，何施之为？吾闻之：'一日纵敌，数世之患也。'谋及子孙，可谓死君乎！"遂发命，遽兴姜戎。子墨衰绖，梁弘御戎，莱驹为右。夏四月辛巳，败秦师于殽，获百里孟明视、西乞术、白乙丙以归。遂墨以葬文公。晋于是始墨。

文嬴请三帅，曰："彼实构吾二君，寡君若得而食之，不厌，君何辱讨焉？使归就戮于秦，以逞寡君之志，若何?"公许之。先轸朝，问秦囚。公曰："夫人请之，吾舍之矣。"先轸怒曰："武夫力而拘诸原，妇人暂而免诸国，堕军实而长寇仇，亡无日矣！"不顾而唾。公使阳处父追之，及诸河，则在舟中矣。释左骖，以公命赠孟明。孟明稽首曰："君之惠，不以累臣衅鼓，使归就戮于秦，寡君之以为戮，死且不朽。若从君惠而免之，三年将拜君赐。"

秦伯素服郊次，乡师而哭，曰："孤违蹇叔，以辱二三子，孤之罪也。"不替孟明，曰："孤之过也，大夫何罪？且吾不以一眚掩大德。"

（节选自《左传纪事本末》卷二十五《晋文公之伯》附）

译文

（鲁僖公三十二年）冬季，晋文公死了。十二月初十日，准备把棺材送到曲沃停放。离开绛城的时候，棺材里发出像牛叫的声音。卜偃让晋国大夫们跪拜，说："国君在发布军事命令：西边的军队将越过我国境内，我们如果攻击他们，必定大胜。"

秦将杞子从郑国派人向秦国报告说："郑国人让我掌管他们国都北门的钥匙，如果偷偷派兵来袭击，郑国一定可以攻下。"秦穆公为这事征求蹇叔的意见。蹇叔说："兴师动众去袭击远方的国家，我还没听说过。军队劳累不堪，力量消耗尽了，远方的君主防备着我们。恐怕不可以吧？我们军队的行动，郑国一定会知道，劳师动众而无所得，士兵们必然产生怨恨之心。况且行军千里，谁会不知道呢？"秦穆公不听蹇叔的劝告，召集孟明、西乞、白乙三位将领，派他们带兵从东门外出发。蹇叔送他们时哭着说："孟明啊，我今天看着军队出征，却看不到他们回来啊！"秦穆公听了派人对他说："你知道什么！假如你只活七十岁，你坟上的树早就长得有合抱粗了！"蹇叔的儿子也参加了这次出征的军队，蹇叔哭着送他说："晋国人必定会在殽山设伏兵截击我们的军队。殽山有南北两座山：南山是夏朝国君皋的墓地；北山是周文王避过风雨的地方。你一定会死在这两座山之间，我只好到那里去收你的尸骨！"秦国的军队于是向东进发了。

三十三年春天，秦军经过周都城的北门。兵车上左右两边的将士都脱下战盔，下车步行，接着有三百辆兵车的将士刚下车又轻率地一跃登上战车。王孙满这时还小，看到这种情形，向周王说："秦国的军队轻狂而不讲礼貌，一定会失败。轻狂就少谋略，没礼貌就纪律不严。进入险境而纪律不严，又缺少谋略，能不失败吗?”经过滑国的时候，郑国商人弦高正要到周都城去做买卖，恰巧遇到秦军。弦高先送上四张熟牛皮，再送十二头牛犒劳秦军，说：“敝国国君听说你们将要行军经过敝国，冒昧地派我前来慰劳您的部下。敝国虽不富裕，但您的部下要久住，住一天就供给一天的食粮；要走，就准备好那一夜的保卫工作。”弦高又马上派人去郑国报信。

郑穆公派人去探视秦将杞子等人驻扎的馆舍，发现他们已经捆好了行装，磨好了兵器，喂饱了马匹（准备好做秦军的内应）。郑穆公派皇武子去辞谢他们，说：“你们在敝国居住的时间很长了，只是敝国吃的东西快完了。你们也该要走了吧。郑国有兽园，秦国也有兽园，你们回到本国的兽园中去猎取麋鹿，让敝国得到安宁，怎么样?”于是杞子逃到齐国，逢孙、扬孙逃到宋国。孟明说：“郑国已有防备了，袭击郑国已无指望。攻打它不能取胜，围困它又没有后援，我们还是回去吧!”于是，灭掉滑国就回秦国去了。

晋国的原轸（即下文先轸）说：“秦国不听蹇叔的劝告，因为贪得无厌而使老百姓劳苦不堪，这是天助我啊。天助我，机不可失，敌人不能轻易放走。放走了敌人，就会产生后患；违背了天意，就会不吉利。一定要讨伐秦军!”栾枝说：“还没报答秦国的恩惠反而去攻打它的军队，心中还有死去的国君吗?”先轸说：“秦国不为我们的丧事哀伤，反而攻打我们的同姓之国，秦国实在无礼，还讲什么恩惠？我听说：‘一旦放走了敌人，会给后世几代人留下祸患。’为后世子孙考虑，这才是不忘死去的国君!”于是下达了出击秦军的命令，立即调动姜戎的军队。晋襄公把白色的孝服染成黑色，梁弘为他驾驭兵车，莱驹担任车右武士。初夏四月十三日，晋军在殽山打败了秦军，俘虏了秦军三帅孟明视、西乞术、白乙丙三人。于是穿上黑色孝服安葬晋文公。晋国从此以黑色丧服为俗。

（晋文公的夫人）文嬴向晋襄公请求释放孟明视等三人，说："他们的确是离间了我们秦、晋两国国君的关系。秦穆公如果得到这三个人，就是吃了他们的肉都不解恨，何劳您去惩罚他们呢？让他们回到秦国去受刑，以满足秦穆公的心愿，怎么样？"晋襄公答应了她。先轸朝见襄公，问起秦国的囚徒哪里去了。襄公说："夫人代他们求情，我把他们放了。"先轸愤怒地说："战士们花了很大的力气，才把他们从战场上抓回来，因为一个女人的几句话就把他们放走，这是毁弃自己的战果而助长敌人的气焰，这样下去，离亡国的日子不远了！"说完面对着襄公不回头就吐唾沫。晋襄公派阳处父去追孟明等人，追到河边，（孟明等人）已登舟离岸了。阳处父解下车左边的骖马，（假托）晋襄公的名义赠给孟明。孟明（在船上）叩头说："贵国国君宽宏大量，不把我们这些俘虏的血涂抹战鼓，让我们回到秦国去受死刑，我们的君主如若杀掉我们，死后也有不朽的名声。如果托贵君的福，赦免了我们，三年后我们再来拜谢贵君的恩赐。"

秦穆公穿着白色的衣服在郊外等候，并对着被释放回来的将士哭着说："我不听蹇叔的劝告，让你们蒙受了耻辱，这是我的罪过。"秦穆公没有撤换孟明的职务，说："这是我的过错，大夫有什么罪过呢？况且我不会因为一次过失而抹杀你们的大功劳。"

评析

师出不义终将自取失败。战前秦穆公战略决策的错误、秦军的傲慢轻敌、郑国的应对措施、晋国的酝酿准备等，清楚地显示出秦国在战略、道义、人心、士气、力量上都处于劣势，从而揭示出秦军失败的必然性。

文章以"蹇叔阻谏哭师"这一事件作为全篇的纲领来总览全文；虽然蹇叔在哭师之后再没有露面，但此后发生的事件，都与"蹇叔阻谏哭师”一脉相承。如“王孙满观师”一事，验证了蹇叔“勤而无所，必有悖心”的论断；“弦高犒师”与“皇武子辞客”二事，证实了蹇叔“郑必知之”“远主备之”的预言；“先轸论战”“秦军覆败”二事，又验证了蹇叔“其谁不知”“晋人御师必于殽”“吾见师之出而不见其入”的判断；文章结尾秦穆公“孤违蹇叔，以辱二三子”的检讨，也与蹇叔的劝谏遥相呼应。

蹇叔劝阻秦穆公的一段话，充分表现了一个元老重臣识见卓越和忠诚谋国的品质，坦率直言则表现了他忠贞、耿直的性格。秦穆公不顾蹇叔的劝谏悍然下令出兵袭郑，蹇叔哭师时又恶言咒骂，充分表现了他的刚愎自用和傲慢专横；但他后来在惨痛的教训面前能引咎自责，这又使他有别于那些一味昏庸暴虐的君主。此外，弦高遇事镇定、机警灵活的个性和爱国的精神，先轸深谋远虑、刚强果断、直率粗暴的性格，都通过他们的言行充分表露出来。其余人物为王孙满、皇武子、文嬴、孟明等，他们的语言也各具特色，给人留下深刻的印象。

外交辞令写得委婉得体，曲折尽意。弦高犒师时，以热情谦和、彬彬有礼的言辞揭露了秦军偷袭郑国的阴谋，明确表示郑国已作好防卫的准备，既不冒犯强秦，又达到了向其提出警告阻止其继续向郑进军的目的。皇武子辞客的一段话，通过对客人的物资供应表示关切和有礼貌的送别言辞，揭露了敌人里应外合的阴谋，下达了严峻的逐客令。孟明感激晋君不杀之恩的言辞，其实是对晋襄公释囚贻患愚蠢行为的嘲讽，“三年将拜君赐”的报恩诺言，其实是决心报仇雪耻的誓言，绵里藏针，耐人寻味。

五、晋楚邲之战

背景

晋楚城濮之战后，由晋文公开创的晋、秦联合对楚的局面，因殽之战的发生而改变。由于晋、秦交恶，相互攻战不息，秦联楚以抗晋，使晋丧失争霸的优势，楚则解除向中原推进的后顾之忧。此时，晋国卿权日重，诸卿相争，内政纷乱，国力有所减弱。而楚庄王即位后，在令尹孙叔敖的辅佐下，发展生产，整顿政治，集中权力，改革军事，实力日益增强。楚庄王雄心勃勃，问鼎中原，与晋展开争夺中间地带的斗争，尤以地处中原要冲的郑国为争夺的焦点，由此孕育着晋、楚之间一场新的大战。

公元前597年，楚国围攻郑国，晋国派荀林父率三军救郑，双方在邲地（今河南郑州北）展开争夺。在作战中，楚军利用晋军内部分歧、指挥无力等弱点，又顾忌秦军从背后偷袭，适时出击，战胜对手，从而一洗城濮之战中失败的耻辱，在中原争霸斗争中暂时占了上风，奠定了楚庄王的霸主地位。

原文

（鲁宣公）十二年春，楚子围郑。旬有七日，郑人卜行成，不吉。

卜临于大宫，且巷出车，吉。国人大临，守陴者皆哭。楚子退师，郑人修城，进，复围之。三月，克之。入自皇门，至于逵路。郑伯肉袒牵羊以逆，曰："孤不天，不能事君，使君怀怒，以及敝邑，孤之罪也。敢不唯命是听？其俘诸江南，以实海滨，亦唯命。其剪以赐诸侯，使臣妾之，亦唯命。若惠顾前好，徼福于厉、宣、桓、武，不泯其社稷，使改事君，夷于九县，君之惠也，孤之愿之，非所敢望也。敢布腹心，君实图之。"左右曰："不可许也，得国无赦。"王曰："其君能下人，必能信用其民矣，庸可几乎？"退三十里而许之平。潘尪入盟，子良出质。

夏六月，晋师救郑。荀林父将中军，先縠佐之；士会将上军，郤克佐之；赵朔将下军，栾书佐之。赵括、赵婴齐为中军大夫，巩朔、韩穿为上军大夫，荀首、赵同为下军大夫。韩厥为司马。及河，闻郑既及楚平，桓子欲还，曰："无及于郑而剿民，焉用之？楚归而动，不后。"随武子曰："善。会闻用师，观衅而动。德、刑、政、事、典、礼不易，不可敌也，不为是征。楚军讨郑，怒其贰而哀其卑，叛而伐之，服而舍之，德、刑成矣。伐叛，刑也；柔服，德也。二者立矣。昔岁入陈，今兹入郑，民不罢劳，君无怨讟，政有经矣。荆尸而举，商、农、工、贾不败其业，而卒乘辑睦，事不奸矣。蒍敖为宰，择楚国之令典，军行，右辕，左追蓐，前茅虑无，中权，后劲。百官象物而动，军政不戒而备，能用典矣。其君之举也，内姓选于亲，外姓选于旧；举不失德，赏不失劳；老有加惠，旅有施舍；君子小人，物有服章，贵有常尊，贱有等威，礼不逆矣。德立，刑行，政成，事时，典从，礼顺，若之何敌之？见可而进，知难而退，军之善政也。兼弱攻昧，武之善经也。子姑整军而经武乎！犹有弱而昧者，何必楚？仲虺有言曰：'取乱侮亡。'兼弱也。《汋》曰：'于铄王师，遵养时晦。'耆昧也。《武》曰：'无竞惟烈。'抚弱耆昧，以务烈所，可也。"彘子曰："不可。晋所以霸，师武臣力也。今失诸侯，不可谓力；有敌而不从，不可谓武。由我失霸，不如死。且成师以出，闻敌强而退，非夫也。命为军师，而卒以非夫，唯群子能，我弗为也。”以中军佐济。

知庄子曰：“此师殆哉！《周易》有之，在《师》䷆之《临》䷒，曰：‘师出以律；否臧，凶。’执事顺成为臧，逆为否。众散为弱，川壅为泽。有律以如己也，故曰律。否臧，且律竭也。盈而以竭，夭且不整，所以凶也。不行谓之《临》，有帅而不从，临孰甚焉？此之谓矣。果遇，必败，彘子尸之。虽免而归，必有大咎。”韩献子谓桓子曰：“彘子以偏师陷，子罪大矣。子为元师，师不用命，谁之罪也？失属亡师，为罪已重，不如进也。事之不捷，恶有所分。与其专罪，六人同之，不犹愈乎？”师遂济。

楚子北师次于郔。沈尹将中军，子重将左，子反将右，将饮马于河而归。闻晋师既济，王欲还，嬖人伍参欲战。令尹孙叔敖弗欲，曰：“昔岁入陈，今兹入郑，不无事矣。战而不捷，参之肉其足食乎？”参曰：“若事之捷，孙叔为无谋矣。不捷，参之肉将在晋军，可得食乎？”令尹南辕，反旆。伍参言于王曰：“晋之从政者新，未能行令。其佐先縠，刚愎不仁，未肯用命。其三帅者，专行不获。听而无上，众谁适从？此行也，晋师必败。且君而逃臣，若社稷何？”王病之，告令尹改乘辕而北之，次于管以待之。

晋师在敖、鄗之间。郑皇戌使如晋师，曰：“郑之从楚，社稷之故也，未有贰心。楚师骤胜而骄，其师老矣，而不设备。子击之，郑师为承，楚师必败。”彘子曰：“败楚、服郑，于此在矣。必许之！”栾武子曰：“楚自克庸以来，其君无日不讨国人而训之于民生之不易、祸至之无日、戒惧之不可以怠。在军，无日不讨军实而申儆之于胜之不可保、纣之百克而卒无后，训之以若敖、蚡冒筚路蓝缕以启山林。箴之曰：‘民生在勤，勤则不匮。’不可谓骄。先大夫子犯有言曰：‘师直为壮，曲为老。’我则不德，而徼怨于楚，我曲楚直，不可谓老。其君之戎，分为二广，广有一卒，卒偏之两。右广初驾，数及日中，左则受之，以至于昏。内官序当其夜，以待不虞，不可谓无备。子良，郑之良也；师叔，楚之崇也。师叔入盟，子良在楚，楚、郑亲矣。来劝我战，我克则来，不克遂往，以我卜也！郑不可从。”赵括、赵同曰：“率师以来，唯敌是求。克敌、得属，又何俟？必从彘子！”知季曰：“原、屏，咎之徒也。”赵庄子曰：“栾伯善哉！实其言，必长晋国。”

楚少宰如晋师，曰：“寡君少遭闵凶，不能文。闻二先君之出入此行也，将郑是训定，岂敢求罪于晋？二三子无淹久！”随季对曰：“昔平王命我先君文侯曰：‘与郑夹辅周室，毋废王命。’今郑不率，寡君使群臣问诸郑，岂敢辱候人？敢拜君命之辱。”彘子以为谄，使赵括从而更之，曰：“行人失辞。寡君使群臣迁大国之迹于郑，曰：‘无辟敌！’群臣无所逃命。”

楚子又使求成于晋，晋人许之，盟有日矣。楚许伯御乐伯，摄叔为右，以致晋师。许伯曰：“吾闻致师者，御靡旌、摩垒而还。”乐伯曰：“吾闻致师者，左射以菆，代御执辔，御下，两马，掉鞅而还。”摄叔曰：“吾闻致师者，右入垒，折馘、执俘而还。”皆行其所闻而复。晋人逐之，左右角之。乐伯左射马而右射人，角不能进。矢一而已。麋兴于前，射麋丽龟。晋鲍癸当其后，使摄叔奉麋献焉，曰：“以岁之非时，献禽之未至，敢膳诸从者。”鲍癸止之，曰：“其左善射，其右有辞，君子也。”既免。

晋魏锜求公族未得，而怒，欲败晋师。请致师，弗许；请使，许之。遂往，请战而还。楚潘党逐之，及荧泽，见六麋，射一麋以顾献，曰：“子有军事，兽人无乃不给于鲜？敢献于从者。”叔党命去之。赵旃求卿未得，且怒于失楚之致师者，请挑战，弗许；请召盟，许之。与魏锜皆命而往。郤献子曰：“二憾往矣，弗备，必败。”彘子曰：“郑人劝战，勿敢从也；楚人求成，弗能好也。师无成命，多备何为？”士季曰：“备之善。若二子怒楚，楚人乘我，丧师无日矣。不如备之。楚之无恶，除备而盟，何损于好？若以恶来，有备不败。且虽诸侯相见，军卫不彻，警也。”彘子不可。

士季使巩朔、韩穿帅七覆于敖前，故上军不败。赵婴齐使其徒先具舟于河，故败而先济。

潘党既逐魏锜，赵旃夜至于楚军，席于军门之外，使其徒入之。楚子为乘广三十乘，分为左右。右广鸡鸣而驾，日中而说；左则受之，日入而说。许偃御右广，养由基为右；彭名御左广，屈荡为右。乙卯，王乘左广以逐赵旃。赵旃弃车而走林，屈荡搏之，得其甲裳。晋人惧二子之怒楚师也，使軘车逆之。潘党望其尘，使骋而告曰："晋师至矣!"楚人亦惧王之入晋军也，遂出陈。孙叔曰："进之！宁我薄人，无人薄我。《诗》云：'元戎十乘，以先启行。'先人也。《军志》曰：'先人有夺人之心。'薄之也。"遂疾进师，车驰卒奔，乘晋军。桓子不知所为，鼓于军中曰："先济者有赏。"中军、下军争舟，舟中之指可掬也。

晋师右移，上军未动。工尹齐将右拒卒以逐下军。楚子使唐狡与蔡鸠居告唐惠侯曰："不穀不德而贪，以遇大敌，不穀之罪也。然楚不克，君之羞也。敢借君灵，以济楚师。"使潘党率游阙四十乘，从唐侯以为左拒，以从上军。驹伯曰："待诸乎?"随季曰："楚师方壮，若萃于我，吾师必尽，不如收而去之。分谤生民，不亦可乎?"殿其卒而退，不败。

王见右广，将从之乘。屈荡户之，曰："君以此始，亦必以终。"自是楚之乘广先左。

晋人或以广队不能进，楚人惎之脱扃；少进，马还，又惎之拔旆、投衡，乃出。顾曰："吾不如大国之数奔也。"

赵旃以其良马二济其兄与叔父，以他马反。遇敌不能去，弃车而走林。逢大夫与其二子乘，谓其二子"无顾"。顾曰："赵叟在后。"怒之，使下，指木曰："尸女于是。"授赵旃绥，以免。明日，以表尸之，皆重获在木下。

楚熊负羁囚知罃。知庄子以其族反之，厨武子御，下军之士多从之。每射，抽矢，菆，纳诸厨子之房。厨子怒曰："非子之求，而蒲之爱。董泽之蒲，可胜既乎?"知季曰："不以人子，吾子其可得乎？吾不可以苟射故也。”射连尹襄老，获之，遂载其尸。射公子谷臣，囚之。以二者还。

及昏，楚师军于邲，晋之馀师不能军，宵济，亦终夜有声。

丙辰，楚重至于邲，遂次于衡雍。潘党曰：“君盍筑武军而收晋尸以为京观？臣闻克敌，必示子孙，以无忘武功。”楚子曰：“非尔所知也。夫文，止戈为武。武王克商，作《颂》曰：‘载戢干戈，载櫜弓矢。我求懿德，肆于时夏，允王保之。’又作《武》，其卒章曰‘耆定尔功’。其三曰：‘铺时绎思，我徂维求定。’其六曰：‘绥万邦，屡丰年。’夫武，禁暴、戢兵、保大、定功、安民、和众、丰财者也，故使子孙无忘其章。今我使二国暴骨，暴矣；观兵以威诸侯，兵不戢矣。暴而不戢，安能保大？犹有晋在，焉得定功？所违民欲犹多，民何安焉？无德而强争诸侯，何以和众？利人之几，而安人之乱，以为己荣，何以丰财？武有七德，我无一焉，何以示子孙？其为先君宫，告成事而已，武非吾功也。古者明王伐不敬，取其鲸鲵而封之，以为大戮，于是乎有京观，以惩淫慝。今罪无所，而民皆尽忠以死君命，又可以为京观乎？”祀于河，作先君宫，告成事而还。

是役也，郑石制实入楚师，将以分郑而立公子鱼臣。辛未，郑杀仆叔及子服。君子曰：“史佚所谓‘毋怙乱’者，谓是类也。《诗》曰：‘乱离瘼矣，爰其适归？’归于怙乱者也夫！”

郑伯、许男如楚。

秋，晋师归，桓子请死，晋侯欲许之。士贞子谏曰：“不可。城濮之役，晋师三日谷，文公犹有忧色。左右曰：‘有喜而忧，如有忧而喜乎？’公曰：‘得臣犹在，忧未歇也。困兽犹斗，况国相乎？’及楚杀子玉，公喜而后可知也，曰：‘莫余毒也已。’是晋再克而楚再败也，楚是以再世不竞。今天或者大警晋也，而又杀林父以重楚胜，其无乃久不竞乎？林父之事君也，进思尽忠，退思补过，社稷之卫也，若之何杀之？夫其败也，如日月之食焉，何损于明？”晋侯使复其位。

冬，楚子伐萧，宋华椒以蔡人救萧。萧人囚熊相宜僚及公子丙。王曰："勿杀，吾退。"萧人杀之。王怒，遂围萧。萧溃。

申公巫臣曰："师人多寒。"王巡三军，拊而勉之，三军之士皆如挟纩。遂傅于萧。

还无社与司马卯言，号申叔展。叔展曰："有麦曲乎?"曰："无。""有山鞠穷乎?"曰："无。""河鱼腹疾奈何?"曰："目于眢井而拯之。""若为茅绖，哭井则已。"明日，萧溃，申叔视其井，则茅绖存焉，号而出之。

晋原縠、宋华椒、卫孔达、曹人同盟于清丘，曰："恤病，讨贰。"于是卿不书，不实其言也。

宋为盟故，伐陈。卫人救之。孔达曰："先君有约言焉，若大国讨，我则死之。"

（节选自《左传纪事本末》 卷二十六《晋楚争伯》）

（鲁宣公）十二年春季，楚庄王发兵包围郑国都城。十七天后，郑君臣以占卜问与楚求和之事，结果不吉利。又以占卜问哭于郑祖庙，并陈车于巷、准备巷战之事，结果大吉。都城里的人在太庙大哭，守城的将士在城上大哭。楚庄王命令退兵，郑国人乘机修复了城墙，楚国又进军，再次包围郑国。三个月后，攻克了郑国。楚军从皇门进入，到达都城的大路上。郑襄公脱去衣服，牵着羊迎接楚庄王，说："我不能承奉天意，不能侍奉君王，使君王带着怒气来到敝邑，这是我的罪过，岂敢不唯命是从？要是把我俘虏到江南，充实楚国海滨无人之地，我也将唯命是从。如果分割亡郑，把郑地赐给诸侯，让郑国人做他们的奴仆，我也依然唯命是从。如果君王施予恩惠，顾念过去两国的友好，向周厉王、宣王、郑桓公、武公求福，而不灭绝我国，让我国重新侍奉君王，等同于楚国的诸县，那可真是君王的恩惠、我的愿望，但又不是我所敢于指望的了。我大胆地向君王袒露心里的话，请君王考虑。”楚庄王的左右随从说：“不能答应郑君的要求，既已得人之国，就不宜再赦免它。”楚庄王说：“郑国之君能够屈居于他人之下，必然能够取信和使用他的百姓，这样的国家，我们岂可希望得到?”他命令楚军退兵三十里，并答应郑国的求和。楚派潘尫入城结盟，郑派子良入楚为质。

夏六月，晋出兵救郑。荀林父率领中军，先縠辅佐他；士会率领上军，郤克辅佐他；赵朔率领下军，栾书辅佐他。赵括、赵婴齐担任中军大夫，巩朔、韩穿担任上军大夫，荀首、赵同担任下军大夫。韩厥担任司马。晋军到达黄河，听说郑国已经跟楚国讲和，荀林父想撤军回去，说：“救郑国既然已经来不及，又劳动百姓，出兵有什么用?等楚军撤走后再兴师伐郑，为时也不晚。”士会说：“好。我听说凡用兵，必须见有机可乘，然后才可发动进攻。德行、刑罚、政令、事务、典则、礼仪合乎常道的国家，都是不可抵挡的，不能征讨这样的国家。楚国的军队讨伐郑国，恼怒它的三心二意，又可怜它的卑下，郑国反叛就讨伐它，顺服就赦免它，楚国的德行、刑罚都已具备。讨伐反叛者，这是刑罚；安抚顺服者，这是德行。这二者楚国都已经树立起来了。去年伐陈国，今年又征讨郑国，百姓不觉得疲劳，国君也不被人怨恨，这说明楚国的政令合乎常道。楚举兵出征，摆开阵势，国内的商贩、农民、工匠、店主都没有废弃他们的本职，步兵、车兵关系和睦，这说明楚国的事务是互不抵触的。𫇭敖作为楚国的宰相，能选择适合楚国的好法典，军队出动时，右军跟随主将的车辕，左军打草作为歇息的准备，前军以旄旌开路以防意外，中军斟酌谋划，后军以精兵压阵。军中百官根据不同的旗帜，采取不同的行动，军事政务不待主帅下令警戒，士卒就已有所防备，这说明楚国善于运用典则。楚国国君选拔人才，同姓的从亲族中选拔，异姓的从旧臣中选拔，提拔不遗漏有德行的人，赏赐不遗漏有功劳的人。对老人有优待，对旅客有赐予。君子和小人，各有规定的服饰。对尊贵的有一定的礼节示以尊重，对低贱的有一定的等级示以威严。这说明楚国的礼仪不悖有序。德行树立，刑罚施行，政令完备，事务合时，典则执行，礼节顺当，我们怎能与之为敌？看到可能就前进，遇到困难就后退，这是治军的好办法。兼并弱小之国，攻讨昏昧之国，这是用兵的良好韬略。您姑且先整顿军队、筹划武备吧！诸侯中尚有弱小而昏昧的国家，为什么一定要进攻楚军？仲虺说：‘攻取动乱之国，欺侮衰亡之国。’说的就是兼并弱者。《汋》说：‘伟大而强盛的王师，它顺从民意，攻取昏昧之王。’说的就是进攻昏昧者。《武》说：‘武王的功业无比伟大强盛。’安抚弱者，进攻昏昧者，以求功业之所在，是可以的。”先縠（彘子）说：“不行。晋国之所以能称霸诸侯，是因为军队勇武、臣下得力。现在失去了郑国，不能说是得力；遇到敌人，却不敢与之周旋，不能说是勇武。因为我们而失去霸主的地位，还不如去死。而且晋国整顿军队出征，听说敌人强大就退却，这不是大丈夫。受命为军中主帅，而最终却不能像个大丈夫，这只有你们能做到，我不做这样的人。”说完，就带领中军副帅所属军队渡过黄河。

知庄子（荀首）说：“先縠的这支队伍危险了！《周易》上有这样的卦象，从《师》卦变成《临》卦，爻辞说：‘行军出征，须有法度纪律；如果法令不严明，则结果必凶。’执行顺当而成功就是‘臧’，反其道就是‘否’。众心涣散，力量就会削弱；江河堵塞，就会变成沼泽地。行军有纪律，进退一如己意，这叫律。军纪实施得不好，说明军队已经败坏穷竭了。水从充盈到枯竭，堵塞而且不通畅，就是凶险的征兆了。水流不通顺叫作《临》，有统帅而不服从，还有比这更严重的《临》吗？这里说的就是先縠这样的行为。要是先縠带兵与敌人相遇，一定失败，他定遭此祸。即使能免于一死而回来，也一定有大难。”韩厥对荀林父说：“先縠率领一部分军队陷于敌阵，您的罪过可大了。您作为最高统帅，而军队却不听从命令，这是谁的罪过？失去属国，丧失军队，罪过是很重的，不如干脆进军。作战如果不能得胜，失败的罪过可由大家共同分担。与其由您一个人承担罪责，不如我们六个人共同承担，这不是更好吗？”于是晋军全部渡过黄河。

楚庄王率军北上，军队驻扎在郔地。沈尹率领中军，子重率领左军，子反率领右军，准备在黄河饮马以后就回国。听到晋国军队已经渡过黄河，楚庄王想要回去，宠臣伍参想打仗，令尹孙叔敖不想打，说：“去年伐陈，今年征郑，不是没有战争。打起来以后不能得胜，伍参的肉够全国人吃吗？”伍参说：“如果作战得胜，孙叔敖就是没有谋略的人。如果不能得胜，伍参的肉将会在晋军那里，哪里还能吃得上呢？”令尹回车向南，倒转旌旗。伍参对楚庄王说：“晋国参政的是新人，不能行使命令。他的副手先縠刚愎不仁，不肯听从命令。他们的三个统帅，想要专权行事而不能办到。想要听从命令而没有上级，大军听从谁的命令？这一次，晋军一定失败。而且国君逃避臣下，国君怎能蒙受这耻辱？”楚庄王听了不高兴，告诉令尹把战车改而向北，楚军驻扎在管地等待晋军。

晋国军队驻扎在敖、鄗两山之间。郑国的皇戌出使到晋军中，说：“郑国跟从楚国，是为了保存国家的缘故，对晋国并没有二心。楚军因屡次得胜而骄傲，士卒疲劳，又不设防。你们攻击他，郑国的军队作为后继，楚军一定失败。”先縠说：“打败楚国，降服郑国，就在这一战。一定要答应皇戌的请求！”栾书说：“楚国自从战胜庸国以来，楚国的国君没有一天不在治理楚民，并教导他们注意：百姓生计不容易，祸患不知哪天就会到来，警戒、畏惧之心不可懈怠。在军中，没有一天不在治理将士，并一再告诫他们注意：胜利无法长保，殷纣王虽然百战百胜，但最终亡国绝后；又用若敖、蚡冒乘柴车、穿破衣开辟山林的事迹来教导楚人。告诫说：‘百姓的生计在于勤劳，勤劳就不会匮乏。’所以不能说楚军已经骄傲了。先大夫子犯曾经说过：‘出兵作战，理直就气壮，理亏就气衰。’我们所做的事情不合于道德，又和楚国结怨，我们理曲，楚国理直，这就不能说楚军气衰。楚国国君的战车分为左右两广，每广有战车一卒三十辆，每卒又分左右两偏。右广先套车，计算时间等到中午，左广就接替它，一直到晚上。左右近臣依次值夜班，以防不测，这就不能说楚军没有防备。子良，是郑国的贤良；师叔，是楚人所崇敬的大夫。师叔入郑结盟，子良在楚为质，楚国和郑国是亲近的。郑国来劝我们与楚交战，我们胜了他们就来归服，不胜就去依靠楚国，这是以战之胜负作占卜！郑国的要求不能答应。”赵括、赵同说：“领兵而来，就是为了与敌交战。战胜敌人，得到属国，还等什么？一定得听先縠的话！”荀首说：“赵同、赵括的主意，是一条自取祸乱之道。”赵庄子说：“栾书说得好！按栾书的话去做，必能使晋国长治久安。”

楚国的少宰来到晋军，说：“寡君年轻时就遭受忧患困苦，不善于辞令。听说我们两位先君也曾来往于这条路上，那是为了教导和安定郑国的，岂敢得罪晋国？你们诸位无须久留此地！”士会回答说：“以前周平王命令我们的先君晋文侯说：‘和郑国共同辅佐周王室，不要废弃天子的命令。’现在郑国不遵循天子的命令，寡君派遣下臣们质问郑国，岂敢劳驾楚国官吏来迎送？我恭敬地拜谢贵国君王的命令。”先縠认为这是在讨好楚国，派遣赵括跟上去更正说：“外交官讲错了话。寡君使臣下们把楚国从郑国迁出去，说：‘不要躲避敌人！’臣下们无法逃避命令。”

楚庄王又派使者与晋国求和，晋国人答应了，结盟之事指日可待。楚国的许伯为乐伯驾驭战车，摄叔作为车右，向晋军单车挑战。许伯说：“我听说单车挑战，驾车人疾驰而使旌旗斜倒，迫近敌营，然后回来。”乐伯说：“我听说单车挑战，车左用利箭射敌，代替御者执掌马缰，驾车人下车，整齐马匹，整理好马脖子上的皮带，然后回来。”摄叔说：“我听说单车挑战，车右冲入敌营，杀敌割下左耳，抓住俘虏，然后回来。”这三个人都按照自己所听说的完成了任务，然后回来。晋国人追赶他们，左右两面夹攻。乐伯左边射马，右边射人，使晋军左右翼不能前进。他的箭只剩下一支。突然一只麋鹿出现在面前，乐伯箭射麋鹿正中背部。晋国的鲍癸在后面追赶，乐伯让摄叔将麋鹿献给他，说："现在还不是献禽兽的季节，应当奉献的禽兽没有来，谨把它奉献给您的随从作为膳食。"鲍癸阻止部下，不再追赶，说："楚军的车左善于射箭，车右善于辞令，都是君子啊。"因此，许伯等三人都免于被俘。

晋国的魏锜想做公族大夫，未得满足，心甚恼怒，他想让晋军失败。他请求单车挑战，没有得到允许；请求出使楚军，得到了允许。他前往楚军，竟说要楚军与晋军交战，说了这些话后才回来。楚国的潘党追赶他，到达荧泽，魏锜看到六只麋鹿，就射死一只，回车献给潘党，说："您有军事在身，负责猎取野兽的人恐怕来不及供应时鲜吧？谨以此献给您的随从人员。"潘党下令不再追赶魏锜。赵旃想做卿而没成功，而且对放走楚军的挑战者感到愤怒，就请求挑战，没有得到允许；请求去楚军营中召楚人结盟，得到了允许。他和魏锜一同受命前往楚军。郤克说："这两个心怀不满的人去了，我们如不防备，必然失败。"先縠说："郑国人劝我们作战，我们不敢听从；楚国人求和，我们又不能表示友好。打仗却没有始终如一的策略，多作防备又有什么用？"士会说："还是防备的好。如果那两个人激怒了楚国人，楚国人乘机袭击我方，我军的败亡是没几天的事。不如加以防备，楚国人要是没有恶意，我们撤除戒备而结盟，对于和好又有什么损害？如果楚国人带着恶意而来，有了防备，就不会失败。再说就是两国诸侯相见，军中的卫士也并不撤去，这也是有所警戒呀。"先縠不同意设防。

士会派遣巩朔、韩穿率领七队伏兵埋伏在敖山之前，所以上军未被打败。赵婴齐派遣他的部下预先在黄河准备船只，所以战败后能先渡过黄河。

潘党赶走魏锜之后，赵旃在夜里到达楚军驻地，铺开席子坐在军门的外面，派他的部下冲进楚军。楚庄王的战车一广三十辆，共分为左右两广。右广在早晨鸡鸣时驾车，中午时卸车；左广接替右广，太阳落山后卸车。许偃驾驭右广的指挥车，养由基作为车右；彭名驾驭左广的指挥车，屈荡作为车右。六月十四日，楚庄王乘坐左广的指挥车追赶赵旃。赵旃弃车逃入林中，屈荡和他搏斗，缴获他的铠甲和下衣。晋国人害怕魏锜、赵旃二人激怒楚军，就派防卫用的战车去迎接他们。潘党远望飞起来的尘土，派战车奔驰报告说："晋国的军队来了!"楚国人也害怕楚庄王陷入晋军中，就出兵迎战。孙叔敖说："前进！宁可我们迫近敌人，不要让敌人迫近我们。《诗》说：'大兵车十辆，冲在前面开道。'这是说要抢在敌人的前面。《军志》说：'先发制人，可以夺敌人的斗志。'这是说要主动迫近敌人。"于是急速进军，战车飞驰，士卒奔跑，围攻晋军。荀林父不知所措，在军中击鼓喊道："先渡过黄河的有赏。"中军、下军互相争夺船只，争先恐后，先上船的人用刀砍断后来者攀着船舷的手指，船中砍断的指头多得可以用手捧起来。

晋军向右转移，上军没有动。楚将工尹齐率领右方阵的士兵追击晋国的下军。楚庄王派唐狡和蔡鸠居告诉唐惠侯说："我无德而贪功，遇到了强敌，这是我的罪过。然而楚军不能取胜，您也将蒙受耻辱。我冒昧地想借助您的威灵以帮助楚军。"楚王派潘党率领后备的战车四十辆，跟随唐惠侯作为左方阵，以迎战晋国的上军。驹伯说："抵御他们吗?"士会说："楚军士气正盛，如果楚军集中兵力攻我上军，我军必然全军覆灭，不如收兵离开。共同分担战败的指责，保全士兵的生命，不也是可以的吗?"士会亲自为其士卒殿后以撤退，因此上军没有被打败。

楚庄王见到右广的战车，准备乘坐。屈荡阻止说："君王乘坐左广开始作战，也一定要乘坐左广结束战争。"从此楚国的乘广改以左广为先。

晋国人有战车陷在坑里不能前进，楚人教他们把车前的挡板卸掉；车稍微前进了一段，马又盘旋不走，楚人又教他们拔掉军旗，放在车辕端的横木上，这样才逃了出去。晋军却回过头对楚人说："我们不像你们大国经常败逃啊。"

赵旃用他的两匹好马帮助他的哥哥和叔父逃跑，而自己则用其他的马驾车返回。遇到敌人无法逃脱，只好弃车跑入林中。晋逢大夫和他的两个儿子乘着战车，他交代两个儿子“不要回头看”。儿子却回头看，说：“赵老头在后面。”逢大夫发怒，让他们下车，指着一棵树说：“就在这里收你们的尸体。”逢大夫把缰绳交给了赵旃，赵旃登上战车得以逃脱。第二天，逢大夫按标记去找尸体，儿子被杀，尸体重叠在树下。

楚国的熊负羁囚禁了知罃。荀首率领他的部属回来战斗，魏锜驾驭战车，下军的士兵大多跟着回来。荀首每次射箭，抽到利箭时，就放在魏锜的箭袋里。魏锜发怒说：“你不是在心疼儿子，而是在心疼蒲柳之矢。董泽的蒲柳，难道可以用得完吗？”荀首说：“不用他人之子交换，我的儿子难道可以得到吗？这是我不随便射箭的缘故啊。”荀首射中了连尹襄老，得到他的尸首，就用战车装上；射中公子谷臣，把他囚禁起来。荀首带了这两个人回去。

到黄昏时，楚军驻扎在邲地，晋国残余军队溃不成军，夜里渡河，喧吵了一整夜。

六月十五日，楚军的辎重到达邲地，军队就驻扎在衡雍。潘党说：“君王何不修筑一座显耀武功的军垒，收聚晋国人的尸体造一座城阙似的坟丘呢？下臣听说战胜敌人后，一定要将这件事昭告后代子孙，以此让他们不忘武功。”楚庄王说：“这不是你所知道的。从文字的结构看，‘止’和‘戈’合起来是个‘武’字。周武王灭掉商朝，作《颂》说：‘收藏起干戈，将弓矢放进囊鞘，我追求的是美德，并将此心公布于华夏，这样才能成就王业，保有天下。’又作《武》篇，最后一章说：‘获得并巩固你的功业。’第三章说：‘铺陈先王的功德，并加以发扬光大，我出师征讨，求的是天下安定。’第六章说：‘安定万邦，常有丰年。’武功，是用来禁止暴力、消弭战争、保持强大、巩固功业、安定百姓、调和大众、丰富财物的，所以要让子孙不要忘记他的大功。现在我让两国将士暴露尸骨，这是暴；显耀武力以使诸侯畏惧，战争不能消弭了。强暴而不消弭战争，怎能保持强大？晋国还在，怎能说功业已经巩固？违背百姓愿望的事还很多，百姓如何能够安定？无德又与诸侯强争，凭什么使诸侯们和睦？以他人之危来利己，以他人之乱来安己，还作为自己的荣耀，这怎能丰富财物呢？武功具有七种美德，我对晋国用兵却没有一种美德，用什么来昭示子孙后代？给先王修建宗庙，只不过是将成功之事祭告先君罢了，用武不是我追求的功业。古代圣明的君王征伐不敬的国家，杀其首恶，埋其尸骸，以土封之，把这当作大杀戮，于是才有宫阙似的坟丘，这是为了惩处邪恶。现在并不能明确指出晋国的罪恶在哪里，士卒都尽忠为执行国君的命令而死，我们怎能建造宫阙似的坟丘呢？”楚庄王说完，就在黄河边上祭祀了河神，修建了先君的神庙，报告了战争的胜利，然后回国。

这次战役，是郑国的石制把楚国军队引进来的，企图分割郑国，并且立公子鱼臣为国君。七月二十九日，郑国人杀死了鱼臣和石制。君子说：“史佚所谓‘不要倚仗动乱’，说的就是这一类人。《诗》说：‘动乱离散是那么厉害，这要归罪于谁呢？’归罪于倚仗乱离而谋私利的人吧！”

郑襄公、许昭公去到楚国。

秋季，晋国军队回国，荀林父自己请求处以死罪，晋景公打算答应他。士贞子劝谏说：“不行。城濮之战，晋军连着三天吃楚军留下的粮食，文公还面带忧色。左右的人说：‘有了喜事还在忧虑，如果有忧虑那反倒高兴吗？’文公说：‘得臣还在，忧虑还无法消除。被困的野兽还想搏斗一番，何况一国的宰相？’等到楚国杀了得臣，文公才喜形于色，说：‘没有谁能害我了。’这是晋国的再次胜利，也是楚国的再次失败，所以楚国一连两代都无法振兴。这次失败，大概上天想要严厉警告晋国，但我们又要杀掉荀林父以增加楚国的胜利，这样做晋国恐怕也会长久无法振兴起来。荀林父侍奉国君，进，想着竭尽忠诚；退，想着弥补过错，是捍卫国家的人，怎么能杀他？他的失败，如同日食月食，怎么会损害日月的光明？”晋景公让荀林父官复原职。

冬季，楚庄王攻打萧国。宋国华椒率领蔡军去救萧国。萧军囚禁了熊相宜僚和公子丙。楚庄王说：“不要杀，我退兵。”萧国人杀了他们。楚庄王发怒，就包围了萧国。萧国崩溃。

申公巫臣说：“军队里的人大多很冷。”楚庄王巡视三军，安抚慰勉士兵们，三军的战士感到温暖，都好像披上了丝绵一样。于是军队逼近萧城。

还无社告诉司马卯，把申叔展喊出来。申叔展说：“你有酒母吗？”还无社说：“没有。”“有川芎吗？”还无社说：“没有。”“得了风湿病怎么办？”还无社说：“注意看枯井就可以拯救我。”申叔展说：“你在井上放一条草绳，有向井里哭的人就是我。”第二天，萧国崩溃。申叔展看到一口井上有草绳，就放声号哭，把还无社救出枯井。

晋国的原縠、宋国的华椒、卫国的孔达、曹国人在清丘结盟，说：“周济有困难的国家，讨伐三心二意的国家。”对这次盟会，《春秋》没有记载卿的姓名，这是由于没有实行盟约。

宋国为了盟约的缘故，进攻陈国。卫军救援陈国，孔达说：“先君有约定，如果大国进攻我们，我愿意为此去死。”

评析

邲之战是楚国君臣利用了晋国内斗的弱点战而胜之。楚国对郑国速战速决，当晋军抵达黄河时，郑、楚已经议和，让晋军进退失据，不知所措。在此背景下，晋军内部主帅和副帅意见不一，退兵派以主帅荀林父和上军主将士会为代表。他们认为，郑、楚已然议和，晋军已错过最佳时机，现在如果继续进兵，将面对郑、楚两军夹击，与其如此，不如索性退兵，等楚军撤回后再出兵教训背叛自己的郑国。但副帅先縠反对道：“晋之所以成为霸主在于遇强敌而不屈。如今闻强敌而退是自失霸业。如果从我等身上失去晋国的霸业，不如死了好。”先縠意气用事，不等主帅荀林父同意就擅自率领中军副帅所部渡过黄河。楚军洞悉晋军将帅不和，先求和后挑战，求和本为懈怠晋军，挑战仍在于试探晋军虚实。楚将孙叔敖见晋军来挑战，决意先发制人，命左、中、右三军及楚王亲兵布好阵式，掩袭晋军。晋军先不做好迎战准备，遇敌后又慌乱后退，中、下军混乱中一道涌向河岸，争船抢渡，遭致惨败。

楚军的胜利，则在于作战指导的高明一筹。楚庄王亲自统率楚军，指挥集中统一，不像晋军那样各自为政。从整场战斗的经过来看：楚国遵循了周礼对战争的一切规定——先是双方各自摆好阵营，然后各自派将通名公开宣战。邲之战是晋楚争霸中的一次重要战役。楚胜晋败，郑国自然屈从了楚国。楚庄王为控制整个中原，又进击宋国。周定王十二年（前595）秋九月，楚庄王出师伐宋，经九个月围困，宋国陷入困境，达到了“易子而食，析骸以爨”的程度。而晋不能救，遂于次年三月力尽降楚。宋降楚后，鲁也转而依附楚国。楚又与齐通好。一时中原形势完全落入楚国的掌握之中，楚庄王如愿以偿取得了中原霸权。

六、齐晋鞌之战

背景

齐、晋鞌之战上距晋、楚邲之战仅八年。晋国在邲之战之后，势力一落千丈，不仅受到来自西方秦、南方楚联盟的威胁，而且北有白狄之患，东有赤狄之祸，陷于秦、楚与赤狄、白狄四面包围之中。晋景公想恢复晋国的霸主地位，于是拉拢齐国和鲁国。公元前592年，晋景公派上军元帅郤克出使齐、鲁。郤克与鲁国上卿季孙行父、卫国上卿孙良夫、曹国大夫公子首到齐国拜会齐顷公。结果四人因为各自的身体残疾（郤克驼背，季孙行父跛腿，孙良夫瞎了一只眼睛，公子首没有头发）遭到嘲笑与侮辱。他们约定一起讨伐齐国之后，便各自回国了。郤克回到晋国就请求晋景公出兵伐齐。景公没有同意。这件事就暂时搁在一旁。不久，魏文子告老，郤克接替他出任晋国执政。齐顷公第二年攻打鲁、卫。鲁、卫向晋国求救。郤克说服晋景公出兵伐齐。公元前589年，郤克亲自担任中军元帅，率领八百辆兵车浩浩荡荡开向齐国。

原文

（鲁成公）二年春，齐侯伐我北鄙，围龙。顷公之嬖人卢蒲就魁门焉。龙人囚之。齐侯曰："勿杀！吾与而盟，无入而封。"弗听，杀而膊诸城上。齐侯亲鼓，士陵城，三日取龙。遂南侵，及巢丘。

卫侯使孙良夫、石稷、宁相、向禽将侵齐，与齐师遇。石子欲还，孙子曰："不可。以师伐人，遇其师而还，将谓君何？若知不能，则如无出。今既遇矣，不如战也。"

夏，有……（阙文，失新筑战事。）

石成子曰："师败矣！子不少须，众惧尽。子丧师徒，何以复命？"皆不对。又曰："子，国卿也。陨子，辱矣。子以众退，我此乃止。"且告车来甚众。齐师乃止，次于鞫居。新筑人仲叔于奚救孙桓子，桓子是以免。

既，卫人赏之以邑，辞，请曲县、繁缨以朝。许之。仲尼闻之，曰："惜也，不如多与之邑。唯器与名，不可以假人，君之所司也。名以出信，信以守器，器以藏礼，礼以行义，义以生利，利以平民，政之大节也。若以假人，与人政也。政亡，则国家从之，弗可止也已。"

孙桓子还于新筑，不入，遂如晋乞师。臧宣叔亦如晋乞师，皆主郤献子。晋侯许之七百乘。郤子曰："此城濮之赋也。有先君之明与先大夫之肃，故捷。克于先大夫，无能为役，请八百乘。"许之。郤克将中军，士燮佐上军，栾书将下军，韩厥为司马，以救鲁、卫。臧宣叔逆晋师，且道之。季文子帅师会之。及卫地，韩献子将斩人，郤献子驰，将救之。至，则既斩之矣。郤子使速以徇，告其仆曰："吾以分谤也。"

师从齐师于莘。六月壬申，师至于靡笄之下。齐侯使请战，曰："子以君师辱于敝邑，不腆敝赋，诘朝请见。"对曰："晋与鲁、卫，兄弟也。来告曰：'大国朝夕释憾于敝邑之地。'寡君不忍，使群臣请于大国，无令舆师淹于君地。能进不能退，君无所辱命。"齐侯曰："大夫之许，寡人之愿也；若其不许，亦将见也。"齐高固入晋师，桀石以投人，禽之而乘其车，系桑本焉，以徇齐垒，曰："欲勇者，贾余馀勇。"

癸酉，师陈于鞌。邴夏御齐侯，逢丑父为右。晋解张御郤克，郑丘缓为右。齐侯曰："余姑翦灭此而朝食。"不介马而驰之。郤克伤于矢，流血及屦，未绝鼓音，曰："余病矣！"张侯曰："自始合，而矢贯余手及肘，余折以御。左轮朱殷，岂敢言病？吾子忍之！"缓曰："自始合，苟有险，余必下推车，子岂识之？然子病矣！"张侯曰："师之耳目，在吾旗鼓，进退从之。此车一人殿之，可以集事，若之何其以病败君之大事也？擐甲执兵，固即死也。病未及死，吾子勉之！"左并辔，右援枹而鼓，马逸不能止，师从之。齐师败绩。逐之，三周华不注。

韩厥梦子舆谓己曰："旦辟左右。"故中御而从齐侯。邴夏曰："射其御者，君子也。"公曰："谓之君子而射之，非礼也。"射其左，越于车下。射其右，毙于车中。綦毋张丧车，从韩厥，曰："请寓乘。"从左右，皆肘之，使立于后。韩厥俛，定其右。逢丑父与公易位。将及华泉，骖絓于木而止。丑父寝于轏中，蛇出于其下，以肱击之，伤而匿之，故不能推车而及。韩厥执絷马前，再拜稽首，奉觞加璧以进，曰："寡君使群臣为鲁、卫请，曰：'无令舆师陷入君地。'下臣不幸，属当戎行，无所逃隐。且惧奔辟，而忝两君，臣辱戎士，敢告不敏，摄官承乏。"丑父使公下，如华泉取饮。郑周父御佐车，宛茷为右，载齐侯以免。韩厥献丑父，郤献子将戮之。呼曰："自今无有代其君任患者，有一于此，将为戮乎？"郤子曰："人不难以死免其君。我戮之，不祥。赦之以劝事君者。"乃免之。

齐侯免，求丑父，三入三出。每出，齐师以帅退。入于狄卒，狄卒皆抽戈、楯冒之。以入于卫师，卫师免之。遂自徐关入。齐侯见保者，曰："勉之！齐师败矣！"辟女子，女子曰："君免乎？"曰："免矣。"曰："锐司徒免乎？"曰："免矣。"曰："苟君与吾父免矣，可若何？"乃奔。齐侯以为有礼。既而问之，辟司徒之妻也。予之石窌。

晋师从齐师，入自丘舆，击马陉。齐侯使宾媚人赂以纪甗、玉磬与地。不可，则听客之所为。宾媚人致赂，晋人不可，曰："必以萧同叔子为质，而使齐之封内尽东其亩。"对曰："萧同叔子非他，寡君之母也。若以匹敌，则亦晋君之母也。吾子布大命于诸侯，而曰：‘必质其母以为信。’其若王命何？且是以不孝令也。《诗》曰：‘孝子不匮，永锡尔类。’若以不孝令于诸侯，其无乃非德类也乎？先王疆理天下，物土之宜，而布其利。故《诗》曰：‘我疆我理，南东其亩。’今吾子疆理诸侯，而曰‘尽东其亩’而已，唯吾子戎车是利，无顾土宜，其无乃非先王之命也乎？反先王则不义，何以为盟主？其晋实有阙。四王之王也，树德而济同欲焉；五伯之霸也，勤而抚之，以役王命。今吾子求合诸侯，以逞无疆之欲。《诗》曰‘布政优优，百禄是遒。’子实不优，而弃百禄，诸侯何害焉？不然，寡君之命使臣则有辞矣，曰：‘子以君师辱于敝邑，不腆敝赋，以犒从者。畏君之震，师徒挠败。吾子惠徼齐国之福，不泯其社稷，使继旧好，唯是先君之敝器、土地不敢爱。子又不许，请收合馀烬，背城借一。敝邑之幸，亦云从也；况其不幸，敢不唯命是听？’”鲁、卫谏曰：“齐疾我矣！其死亡者，皆亲昵也。子若不许，仇我必甚。唯子，则又何求？子得其国宝，我亦得地，而纾于难，其荣多矣！齐、晋亦唯天所授，岂必晋？”晋人许之，对曰：“群臣帅赋舆以为鲁、卫请，若苟有以借口而复于寡君，君之惠也。敢不唯命是听？”

禽郑自师逆公。

秋七月，晋师及齐国佐盟于爰娄，使齐人归我汶阳之田。公会晋师于上鄍，赐三帅先路三命之服，司马、司空、舆帅、候正、亚旅，皆受一命之服。

（节选自《左传纪事本末》卷二十七《晋景楚共争霸》）

译文

（鲁成公）二年春，齐顷公进攻我鲁国北部边境，包围龙地。齐顷公的宠臣卢蒲就魁攻打城门，龙地的人把他逮住囚禁。齐顷公说：“不要杀，我和你们盟誓，不进入你们的境内。”龙地的人不听，杀了卢蒲就魁，暴尸城上。齐顷公亲自击鼓，兵士爬上城墙。三天，占领了龙地。就此向南侵袭，到达巢丘。

卫穆公派遣孙良夫、石稷、宁相、向禽率兵入侵齐国，和齐军相遇。石稷打算撤退，孙良夫说：“不行。带领军队攻打别人，遇上敌人就撤退，怎么对国君交代呢？如果知道打不过，就应当不出兵。现在既然和敌军相遇，不如打一仗。”

夏季，有……（注：此处原文有缺，为新筑战事。）

石稷说：“军队战败了，您如果不稍稍等待，顶住敌军，恐怕会全军覆灭。您丧失了军队，如何回报君命？”大家都不回答。石稷又说：“您是国家的卿。损失了您，对国家而言是一种耻辱。您带着大家撤退，我留下来抵挡。”同时通告军中，大批援军的战车已经来到。齐军于是停止前进，驻扎在鞫居。新筑大夫仲叔于奚援救了孙良夫，孙良夫因此得免于难。

不久，卫国人把城邑赏给仲叔于奚。仲叔于奚辞谢，而请求得到诸侯所用三面悬挂的乐器，并用繁缨装饰马匹来朝见。卫君同意了。孔子听说了这件事，说：“可惜啊，还不如多给他城邑。只有礼器和名号不能假借给别人，这是国君所掌管的。名号用来赋予威信，威信用来保持器物，器物用来体现礼制，礼制用来推行道义，道义用来产生利益，利益用来治理百姓，这是政事的大纲。如果把名位、礼器假借给别人，这就是把政权给了别人。失去政权，国家也会跟着灭亡，这是无法阻止的。”

孙桓子回到新筑，不进国都，就到晋国请求出兵。臧宣叔也到晋国请求出兵。两人都投奔郤克。晋景公答应派出七百辆战车。郤克说：“这是城濮之战时我军的战车数。当时因为有先君的明察和先大夫们的敏捷，所以得胜。我郤克和先大夫们相比，还不足以做他们的仆人。请派八百乘战车。”晋景公答应了。郤克率领中军，士燮辅佐上军，栾书率领下军，韩厥做司马，出兵救援鲁国和卫国。臧宣叔迎接晋军，并作为向导开路。季文子率领军队和他们会合。到达卫国境内，韩厥将要杀人，郤克驾车疾驰赶去，打算救下那个人。等赶到时，那人已经被杀了。郤克让人赶快把死者尸体在军中示众，还告诉自己的御者说："我用这样的做法来分担人们对韩厥的指责。"

晋、鲁、卫联军在莘地追上齐军。六月十六日，军队到达靡笄山下。齐顷公派人请战，说："您带领贵国国君的军队光临敝邑，敝国的军队虽然不强大，但请在明天早晨相见决战。"郤克回答说："晋和鲁、卫是兄弟国家，他们前来告诉我们说：'大国不分日夜在敝邑的土地上发泄气愤。'寡君于心不忍，派我们这些下臣们来向大国请求，不要使我们的军队过久地停留在贵国。我们只能前进不能后退，您的命令是不会不照办的。"齐顷公说："大夫允许决战，正是齐国的愿望；如果你不允许，也要兵戎相见的。"齐国的高固冲入晋军中，拿起石头扔向晋军，抓住晋军战俘，然后坐上他的战车，把桑树根子系在车上，巡行到齐营说："想要勇气的人，可以来买我剩下的勇气！"

十七日，齐、晋两军在鞌地摆开阵势。邴夏为齐顷公驾车，逢丑父作为车右。晋国的解张为郤克驾车，郑丘缓作为车右。齐顷公说："我暂且消灭了这些人后再吃早饭。"马不披甲，驰向晋军。郤克受了箭伤，血流到鞋子上，但是鼓声不断，说："我受伤了！"解张说："从一开始交战，箭就射穿了我的手和肘，我折断了箭杆继续驾车。左边的车轮都染成了深红色，哪里敢说受伤？您还是忍着点吧！"郑丘缓说："从一开始交战，只要遇到险阻，我必定下车推车，您难道了解吗？不过您真是受伤了！"解张说："军队的耳目，在于我们的旌旗和鼓声，前进后退都要听从旗鼓的指挥。这辆战车有一个人镇守着，就可以完成战斗任务。怎能因为受伤而败坏国君的大事呢？身披盔甲，手执武器，本来就是抱定必死的决心，现在受伤还没到死的程度，你还是尽力而为吧！"于是，用左手一把握住马缰，右手拿起鼓槌击鼓。马失去控制一直向前奔跑，不能停止，全军也就跟着冲上去。齐军大败，晋国追赶齐军，绕华不注山跑了三圈。

韩厥梦见父亲子舆对他说："明天交战不要站在战车左右两侧。"因此，韩厥就在中间驾战车而追赶齐顷公。邴夏说："射那个驾车人，他是个君子。"齐顷公说："认为他是君子而射他，这不合于礼。"射车左，车左死在车下。射车右，车右死在车中。綦毋张丢了战车，跟上韩厥说："请允许我搭乘您的战车。"上车后准备站在车左或车右，韩厥用肘推他，使他站在自己身后。韩厥弯下身子，放稳车右的尸体。逢丑父和齐顷公乘机互换位置。快到华泉时，骖马被树木绊住了。车停了下来不能前进。前几天，逢丑父睡在栈车里，有一条蛇爬到他身边，他用手臂去打蛇，被蛇咬伤，没有声张，因此这时不能用臂推车，被韩厥追上。韩厥拿着马缰走向马前，跪下叩头，捧着酒杯加上玉璧献上，说："寡君派臣下们替鲁、卫两国请命，说：'不要让军队久留齐国的土地。'下臣不幸，正好在军队服役，不能逃避责任。而且也害怕奔走逃避成为两国国君的耻辱。下臣身为一名战士，谨向君王禀告我的无能，但由于人手缺乏，只好承当这个职位。"逢丑父让齐顷公下车，到华泉去取水。郑周父驾驭副车，宛茷作为车右，带着齐顷公逃走而免于被俘。韩厥献上逢丑父，郤克准备杀死他。逢丑父喊叫说："到现在为止还没有能代替他的国君受难的人，有一个这样的人在这里，还要被杀死吗？"郤克说："一个人不怕牺牲自己来使自己的国君免于祸患，我杀了他，不吉利。赦免了他，用来勉励侍奉国君的人。"于是赦免了逢丑父。

齐顷公免于被俘以后，寻找逢丑父，在晋军中三进三出。每次出来的时候，齐军都簇拥着护卫他。进入狄人的军队中，狄人的士兵都抽出戈和盾保护齐顷公。进入卫国的军队中，卫军也不让他受伤害。于是，齐顷公就从徐关进入齐国临淄。齐顷公见到守城军队，说："你们努力吧！齐军战败了！"齐顷公的前卫让一名女子让路，这个女子问："国君免于祸难了吗?”说:“免了。”又问:“锐司徒免于祸难了吗?”说:“免了。”女子说:“如果国君和我父亲都免于祸难了,还要怎么样?”便跑开了。齐顷公认为她知礼。不久后查问,才知道她是辟司徒的妻子,便赐给她石窌作为封邑。

晋军追赶齐军,从丘舆进入齐国,攻打马陉。齐顷公派遣宾媚人把纪甗、玉磬和土地送给战胜诸国以求和,指示他如果对方不同意讲和,就听任他们怎么办。宾媚人献上财礼,晋国人不同意,说:“一定要让萧同叔子作为人质,而且把齐国境内的田陇全部改成东向。”宾媚人回答说:“萧同叔子不是别人,是寡君的母亲。如果从对等地位来说,也就是晋国国君的母亲。您在诸侯中发布重大的命令,反而说‘一定要把他的母亲作为人质才能取信’,您又将要怎样对待周天子的命令呢?而且这样做,就是用不孝来号令诸侯。《诗》说:‘孝子不断地推行孝道,永远能感化你的同类。’如果以不孝来号令诸侯,恐怕不符合道德准则吧!先王将天下的土地,定疆界、分地理,因地制宜,以获取应得的利益。所以《诗》说:‘我划定疆界、分别地理,南向东向开辟田亩。’现在您让诸侯定疆界、分地理,却说‘把田垄全部改成东向’而已,只考虑方便自己的兵车通行,不顾土地是否适宜,恐怕不符合先王的政令吧!违反先王的遗命就是不合道义,怎么能做诸侯的盟主?晋国在这点上确实是有过失的。四王之所以能统一天下,是因为他们能树立德行,满足诸侯的共同愿望。五伯之所以成就霸业,是因为他们勤劳而安抚诸侯,共同为天子效命。现在您要求会合诸侯,来满足自己没有止境的欲望。《诗》说:‘政事的推行宽大和缓,各种福禄都将积聚到你身上。’您如果不肯宽和施政,而丢弃一切福禄,这对诸侯又有什么害处呢?如果您不肯答应讲和,寡君命令我还有一番话要说:‘您带领贵国国君的军队光临敝邑,敝邑只能以自己微薄的力量来犒劳您的随从。畏惧贵国国君的威严,我军战败。承蒙您惠临为齐国求福,如果不灭亡我们的国家,让齐、晋两国继续过去的友好关系,那么先君留下的破旧器物和土地，我们是不敢爱惜的。您如果又不允许，我们就只能请求收拾残兵败将，背靠自己的城墙决一死战。如果敝邑侥幸取胜，也还是会依从贵国的；如果不幸而败，哪敢不听从您的命令？'”鲁、卫两国劝谏郤克说：“齐国怨恨我们了。齐国死去和溃散的，都是齐侯亲近的人。您如果不肯答应，必然更加仇恨我们。即使是您，还有什么可追求的？如果您得到齐国的国宝，我们也得到失地，而缓和了祸难，这荣耀也就很多了。齐国和晋国都是由上天授予的，难道一定只有晋国永久胜利吗？”晋国人答应了鲁、卫的意见，回答说：“下臣们率领兵车，来为鲁、卫两国请求。如果有话可以向寡君复命，这就是君王的恩惠了。岂敢不遵命？”

禽郑从军中去迎接鲁成公。

秋，七月，晋军和齐国国佐在爰娄结盟，让齐国归还我国汶阳的土田。成公在上鄍会见晋军，把先路和三命的车服赐给三位主将，司马、司空、舆帅、候正、亚旅都接受了一命的车服。

评析

齐、晋鞌之战缘起于晋国的执政卿士郤克在齐国遭到戏辱，怨愤难消，终于借鲁、卫求援之机，发兵攻齐。在战争中，齐国人凭借自己强大的军事能力，并不把晋国人放在眼里，从将领到士兵，人人的态度都很松懈、傲慢。相反，晋国人同仇敌忾，虽然整体实力不如齐国，却最终凭借智慧取得了战争的胜利。此外，晋国农耕经济发达，人民务实勤劳，不轻易服输；晋国处于齐国以西，地势相对较高，在军事作战上具有“俯冲”优势。齐国攻打鲁国，作为盟国的楚国却没有配合出兵，也是战争失败的原因。

虽然史家常说“春秋无义战”，但古代礼仪在战争中还有遗留。在整个战役的过程中，双方似乎都是君子，在衣冠楚楚地交谈着一件关乎礼乐的事情，而非你死我活的战场。首先，晋国的援军抵达鞌，齐顷公派人请战，而非趁其立足未稳时而发动突袭。对方的外交辞令似乎也和君子无异，说我们只是来调停的，并不是来打仗的。在战前，晋国的将领韩厥做了个梦，梦见他的父亲告诉他，打仗的时候不要站在战车两边。到了战场上，韩厥果然站在战车中间。这时齐国人认出他是个君子，就要射杀他。齐顷公却说，他既然是个君子，还要射杀他，这是有失礼仪的。

鞌之战是晋景公争霸事业的一部分。经过鞌之战，晋国成功地打破了齐、楚联盟，而把齐拉到了自己一边。鞌之战次年（前588），齐顷公亲自朝晋，建立晋、齐联盟。晋、齐联盟的建立，是晋景公继消灭赤狄、联络吴国之后，又取得的一项重要成果。晋景公所创建的霸业，经过厉公、悼公的努力，一直持续到顷公、定公时代。

七、晋楚鄢陵之战

背景

鲁宣公三年（前 606），楚庄王打败陆戎，问鼎中原。鲁宣公十二年（前 597），楚在邲地大败晋军，楚庄王俨然成为了中原霸主。公元前 579 年，在宋国大夫华元的安排下，晋国的士燮与楚国的公子罢、许偃在宋国的西门外举行第一次弭兵会盟。两国同意暂息兵戈，停止战争。周简王八年（前 578）春，晋与齐、宋、卫、鲁、郑、曹、邾、滕八国联军西进攻秦，秦军大败。麻隧之战后，晋国完成了秦、狄、齐三强服晋的部署，势力更盛，中原诸国实为晋国之属国。而楚国未按盟约援秦，秦国陷入被动。

公元前 575 年春，楚共王在武城派遣公子成前去郑国，以汝阴之田向郑国求和，于是郑国背叛晋国，与楚国结盟。同年夏，郑国子罕率兵进攻宋国。宋军先后在汋陂、汋陵被郑国击败。晋国得知郑国叛晋投楚，并兴兵伐宋以后，准备兴师伐郑，一方面出动四军，另一方面派人前往卫国、齐国、鲁国乞师，准备协同作战，而郑国向楚国求援，两国在鄢陵地区展开决战。

原文

（鲁成公十六年）六月，晋、楚遇于鄢陵。范文子不欲战。郤至曰：

“韩之战，惠公不振旅；箕之役，先轸不反命；邲之师，荀伯不复从。皆晋之耻也！子亦见先君之事矣。今我辟楚，又益耻也。”文子曰：“吾先君之亟战也，有故。秦、狄、齐、楚皆强，不尽力，子孙将弱。今三强服矣，敌，楚而已。唯圣人能外内无患。自非圣人，外宁必有内忧。盍释楚以为外惧乎？”

甲午晦，楚晨压晋军而陈。军吏患之。范匄趋进，曰：“塞井夷灶，陈于军中，而疏行首。晋楚唯天所授，何患焉？”文子执戈逐之，曰：“国之存亡，天也，童子何知焉？”栾书曰：“楚师轻佻，固垒而待之，三日必退。退而击之，必获胜焉。”郤至曰：“楚有六间，不可失也。其二卿相恶，王卒以旧，郑陈而不整，蛮军而不陈，陈不违晦，在陈而嚣，合而加嚣。各顾其后，莫有斗心。旧不必良，以犯天忌，我必克之。”

楚子登巢车以望晋军，子重使大宰伯州犁侍于王后。王曰：“骋而左右，何也？”曰：“召军吏也。”“皆聚于中军矣。”曰：“合谋也。”“张幕矣。”曰：“虔卜于先君也。”“彻幕矣。”曰：“将发命也。”“甚嚣，且尘上矣。”曰：“将塞井夷灶而为行也。”“皆乘矣，左右执兵而下矣。”曰：“听誓也。”“战乎？”曰：“未可知也。”“乘而左右皆下矣。”曰：“战祷也。”伯州犁以公卒告王。

苗贲皇在晋侯之侧，亦以王卒告。皆曰：“国士在，且厚，不可当也。”苗贲皇言于晋侯曰：“楚之良，在其中军王族而已。请分良以击其左右，而三军萃于王卒，必大败之。”公筮之，史曰：“吉。其卦遇《复》☷，曰：‘南国蹙，射其元王，中厥目。’国蹙、王伤，不败何待？”公从之。

有淖于前，乃皆左右相违于淖。步毅御晋厉公，栾针为右。彭名御楚共王，潘党为右。石首御郑成公，唐苟为右。栾、范以其族夹公行，陷于淖。栾书将载晋侯。针曰：“书退！国有大任，焉得专之？且侵官，冒也；失官，慢也；离局，奸也。有三罪焉，不可犯也。”乃掀公以出于淖。

癸巳，潘尪之党与养由基蹲甲而射之，彻七札焉，以示王，曰："君有二臣如此，何忧于战？"王怒曰："大辱国！诘朝尔射，死艺。"吕锜梦射月，中之，退入于泥。占之，曰："姬姓，日也；异姓，月也，必楚王也。射而中之，退入于泥，亦必死矣。"及战，射共王，中目。王召养由基，与之两矢，使射吕锜。中项，伏弢。以一矢复命。

郤至三遇楚子之卒，见楚子，必下，免胄而趋风。楚子使工尹襄问之以弓，曰："方事之殷也，有韎韦之跗注，君子也。识见不穀而趋，无乃伤乎？"郤至见客，免胄承命，曰："君之外臣至从寡君之戎事，以君之灵，间蒙甲胄，不敢拜命。敢告不宁。君命之辱。为事之故，敢肃使者。"三肃使者而退。

晋韩厥从郑伯，其御杜溷罗曰："速从之？其御屡顾，不在马，可及也。"韩厥曰："不可以再辱国君。"乃止。郤至从郑伯，其右茀翰胡曰："谍辂之，余从之乘，而俘以下。"郤至曰："伤国君有刑。"亦止。石首曰："卫懿公唯不去其旗，是以败于荧。"乃内旌于弢中。唐苟谓石首曰："子在君侧，败者壹大。我不如子，子以君免，我请止。"乃死。

楚师薄于险，叔山冉谓养由基曰："虽君有命，为国故，子必射！"乃射。再发，尽殪。叔山冉搏人以投，中车，折轼。晋师乃止。囚楚公子茷。

栾针见子重之旌，请曰："楚人谓夫旌，子重之麾也。彼其子重也。日臣之使于楚也，子重问晋国之勇。臣对曰：'好以众整。'曰：'又何如？'臣对曰：'好以暇。'今两国治戎，行人不使，不可谓整；临事而食言，不可谓暇。请摄饮焉。"公许之。使行人执榼承饮，造于子重，曰："寡君乏使，使针御持矛，是以不得犒从者，使某摄饮。"子重曰："夫子尝与吾言于楚，必是故也。不亦识乎？"受而饮之。免使者而复鼓。旦而战，见星未已。

子反命军吏察夷伤，补卒乘，缮甲兵，展车马。鸡鸣而食，唯命是听。晋人患之。苗贲皇徇曰："蒐乘、补卒，秣马、利兵，修陈、固列，蓐食申祷，明日复战。"乃逸楚囚。王闻之，召子反谋。谷阳竖献饮于子反，子反醉而不能见。王曰："天败楚也夫！余不可以待。"乃宵遁。晋入楚军，三日谷。范文子立于戎马之前，曰："君幼，诸臣不佞，何以及此？君其戒之！《周书》曰'惟命不于常'，有德之谓。"

楚师还。及瑕，王使谓子反曰："先大夫之覆师徒者，君不在，子无以为过，不穀之罪也。"子反再拜稽首曰："君赐臣死，死且不朽。臣之卒实奔，臣之罪也。"子重使谓子反曰："初陨师徒者，而亦闻之矣。盍图之？"对曰："虽微先大夫有之，大夫命侧，侧敢不义？侧亡君师，敢忘其死。"王使止之，弗及而卒。

（节选自《左传纪事本末》 卷二十七《晋景楚共争霸》）

译文

（鲁成公十六年）六月，晋国军队和楚国军队在鄢陵相遇。士燮不想同楚军交战。郤至说："秦、晋韩原之战，惠公未能整军而归；晋、狄箕之战，主帅先轸不能回来复命；晋、楚邲之战，主帅荀林父兵败溃逃。这些都是晋国的奇耻大辱！你也见过先君这些战事。现在我们躲避楚军，就是又给晋国增添耻辱。"士燮说："我们先君多次作战是有原因的。秦、狄、齐、楚都是强国，如果他们不尽力，子孙后代就将被削弱。现在秦、狄、齐三个强国已经屈服了，敌人只有一个楚国罢了。只有圣人才能做到国家内部和外部不存在忧患。我们不是圣人，外部安宁就必定会有内部忧患。为什么不暂时放过楚国，使晋国对外保持警惕呢？"

六月二十九日，月末的最后一天，楚军一大早就逼近了晋军，并摆开了阵势。晋军军官为此担心。范匄快步走上前来说："把井填上，把灶铲平，在军中摆开阵势，并疏散开队伍的前列。晋国和楚国都是上天所授予的国家，有什么可担心的?”士燮听了气得拿起戈赶他出去，并说:“国家的存亡，是天意决定的，小孩子知道什么?”栾书说:“楚军轻浮急躁，我们坚守营垒等待着，三天之后楚军一定会撤退。他们退走时我们再出击，必定会取得胜利。”士燮说:“楚军有六个弱点，这次的机会不可丢失。两位卿相互仇视；楚王的亲兵都是年老的旧卒；郑国军队虽然摆出了阵势，但是军容不整；楚军中的蛮人虽然成军，但不能布成阵势；布阵不避开月末这天；士卒在军阵中喧哗吵闹，两军相遇后喧哗更甚。各自想着逃脱的后路，全无斗志。老兵未必能征善战，月末用兵又犯了天忌，我们一定能战胜他们。”

楚共王登上了巢车，观望晋军的动静。子重派太宰伯州犁在楚王后面陪着。楚王问:“晋军正驾着兵车左右奔跑，这是怎么回事?”伯州犁回答说:“这是在召集军官。”楚王说:“那些人全都聚集在军帐中。”伯州犁说:“这是在一同谋划军务。”楚王说:“搭起帐幕了。”伯州犁说:“这是晋军在虔诚地向先君问卜。”楚王说:“撤去帐幕了。”伯州犁说:“快要发布命令了。”楚王说:“非常喧闹，连尘土都飞扬起来了。”伯州犁说:“这是准备填井平灶，摆开阵势。”楚王说:“都登上了战车，左右两边的人又拿着武器下车了。”伯州犁说:“这是要去听取主帅发布誓师令。”楚王问道:“要开战了吗?”伯州犁回答说:“还不知道。”楚王说:“上了战车，左右两边的人又都下来了。”伯州犁说:“这是战前向神祈祷。”伯州犁把晋侯亲兵的位置告诉了楚共王。

苗贲皇在晋厉公身旁，也把楚共王亲兵的位置告诉了晋厉公。晋厉公左右的将士都说；“楚国的杰出人才，全在军中，而且人数众多，不可抵挡。”苗贲皇对晋厉公说:“楚国的精锐部队只不过是中军里那些楚王的亲兵罢了。请分出一些精兵来攻击楚国的左右两军，再集中三军攻打楚王的亲兵，必能大败楚军。”晋厉公卜筮问吉凶，卜官说:“大吉。得到《复》卦，卦辞说:‘南国窘迫，用箭射它的国君，射中他的眼睛。'国家窘迫，国君受伤，不打败仗还会有什么呢?"晋厉公听从了卜官的话。

晋军营前有一个泥坑，晋军全都左右绕行，避开泥坑。步毅驾驭晋厉公的战车，栾针作为车右。彭名驾驭楚共王的战车，潘党作为车右。石首驾驭郑成公的战车，唐苟作为车右。栾、范带领着他们的私族部队左右护卫着晋厉公前进。战车陷在泥坑里。栾书准备让晋厉公乘坐自己的战车。他儿子栾针说："栾书退下去！国家有大事，你哪能一人揽了?而且侵夺别人的职责，这是冒犯；丢弃自己的职责，这是怠慢；离开自己的部下，这是扰乱。这三个罪名，不能违犯啊。"于是，他托起晋厉公的战车，将它推出泥坑。

六月二十八日，楚大夫潘尫的儿子潘党与楚大夫养由基堆叠起皮甲衣而比赛射箭，两人都射透七层皮甲。他们拿着这些皮甲给楚共王看，说："君王有两位如此能耐的臣子，还有什么可怕的?"楚共王发怒说："太羞辱国家了！明早作战，你们要是射箭，就会死在这射技上面。"这天晚上，晋将吕锜梦见自己射月亮，射中了，但后退时又掉入泥坑里。占梦的人占卜后，说："姬姓，是太阳；异姓，是月亮，必定是楚共王。你射中了他，但后退时又掉进泥坑里，你也必死无疑。"等到第二天作战时，吕锜射中了楚共王的眼睛。楚共王召唤养由基，给他两支箭，让他射吕锜。结果射中吕锜的脖子，吕锜伏在弓套上死去。养由基拿了剩下的一支箭向楚共王复命。

郤至三次遇到楚共王的士卒，每次见到楚共王时，一定下车，脱下头盔，快步向前而走。楚共王派工尹襄送给他一把弓，说："正当战事激烈的时候，有个身穿赤黄色牛皮军服的人，他真是个君子。见到我就快步走，恐怕是受伤了吧?"郤至接见楚军来客，脱下头盔并接受楚王的问候，说："贵国君王的外臣郤至，跟随寡君作战，托楚君的威灵，近来依然披戴铠甲和头盔，所以无法拜受君王慰劳的旨意。谨向君王报告我并没有受伤，对于君王的问候，我感到惭愧。由于战事的缘故，谨向使者敬礼。”于是，他向使者作了三次揖后才退去。

晋国的韩厥追赶郑成公，他的御者杜溷罗说：“赶快追赶吗？他们的御者屡屡回头看，注意力不在马上，可以赶上。”韩厥说：“不能再次羞辱国君。”于是就停止追击。郤至追赶郑成公，他的车右茀翰胡说：“派遣轻兵绕道拦击，我从后面登上他的战车将他俘获。”郤至说：“伤害国君是要受处罚的。”也停止了追击。郑成公的御者石首说：“卫懿公就是因为不拿掉车上的旗帜，所以才在荧泽打了败仗。”他们于是把旗帜放进弓套里。车右唐苟对石首说：“您在国君的旁边，战败者应该一心保护国君。我不如您，您带着国君逃走，我请求留下。”唐苟因此而战死。

楚军在一险要地段受到晋军的追击，叔山冉对养由基说：“虽然有国君的禁令，但为了国家，您一定要射箭。”养由基便箭射晋军。他连发两箭，所射尽死。叔山冉捉住晋国人，又将他向晋军投掷过去，掷中战车，折断了车前的横木。晋军这才停止追击。晋军俘虏、囚禁了楚国的公子茷。

栾针看见子重的旗帜，向晋侯请求道：“楚国人说那面旗帜是子重的旗帜。他恐怕就是子重吧。从前下臣出使楚国时，子重问晋人的勇武表现在哪里，下臣回答说：‘喜好整齐，按部就班。’子重说：‘还有什么？’下臣回答说：‘喜好从容不迫。’现在两国交战，不派遣使者，不能说是按部就班；遇到事情而不讲信用，不能说是从容不迫。请君王派人替我给子重进酒。”晋厉公答应了，派遣使者拿着酒器奉酒，到了子重那里，说：“寡君缺乏使者，让栾针执矛侍立在寡君之侧，因此不能来犒赏您的随从人员，派我前来代他进酒。”子重说：“那位先生曾经跟我在楚国交谈过，送酒来一定是这个原因。我不是也记起来了吗？”子重收下酒并喝下。送走使者后又重新击鼓。这天，从清晨开始交战，到晚上星星出来了还没结束。

子反命令军官去视察伤情，补充士卒战车，修理盔甲武器，排列好战车马匹，天亮鸡鸣时就进食，要绝对服从命令。晋人很担心。苗贲皇向军中传令说："检阅战车、补充士卒，喂饱战马、磨快兵器，整顿军阵、巩固行列，早早地进食、再三地祷告，明天再战！"晋人故意放走楚军俘虏。楚共王听到这些情况，召子反一起商量。谷阳竖献酒给子反，子反喝醉了不能进见。楚共王说："这是上天要让楚国失败啊！我不能坐以待毙。"于是连夜逃走。晋军攻入楚军营垒，一连三天，吃缴获来的楚军粮食。范文子站在兵马前面，说："君王年幼，下臣们不才，凭什么取得这种战果？君王还是要警惕啊！《周书》说'天命之所在不是一成不变的'，说的是有德的人才能享有天命。"

楚军撤回到瑕地，楚共王派人对子反说："先大夫让军队覆没，当时国君不在军中。您不要认为自己这次有过错，这是我的罪过。"子反对来人拜了又拜，叩头说："国君赐下臣去死，臣虽死而不朽。下臣的士卒确实有溃败逃奔的，这是下臣的罪过。"子重派人对子反说："当初那位让楚军受挫的人，他的结果你大概也听说过了吧。你何不考虑考虑？"子反回答说："即使没有先大夫自杀谢罪的事，大夫命令侧死去，侧岂敢贪生而陷于不义？侧使国君的军队败亡，岂敢忘记先大夫的自杀？"楚共王派人去制止，但还没赶到，子反就自杀了。

评析

鄢陵之战是晋楚争霸的决定性战争，楚败后，再也没有精力去对外扩张势力，北进争强，此后晋、楚进入相持阶段。此次战役中，晋国尊礼重民，军队纪律严明、井然有序、战斗力强，所做的事顺应天意。晋国的军队准备情况可以从楚共王与伯州犁的一问一答中体现出来。晋国先是驾着战车左右驰骋来召集军吏，接着进行谋划，然后拉起帷幕进行占卜和祷告。之后宣布命令开始打仗。整个过程晋国的军队都进行得有条不紊，丝毫没有散乱。晋国军队的勇猛之处在于"好以众整""好以暇”，即按部就班和从容不迫。在晋厉公的车子陷入泥坑中、情势非常凶险的时候，晋国的大将也是按规矩办事，一点也不慌乱。栾书准备让晋厉公乘坐自己的战车，被栾针训斥了一顿，告诉他不要侵夺别人的职责、忘记自己的职责，更不能离开自己的部下，使得自己的军队无人指挥，陷入危险的境地。在任何时候，晋国的将领们都是各负其责、合理筹划。晋国的将领们有着很强的指挥才能，他们认真分析战争的形势，并能作出正确的决策。苗贲皇认为“楚之良，在其中军王族而已”，晋军应该分而击之，“分良以击其左右”，剩下的也就容易打退了。

与晋国相反，楚国则是纪律涣散，将相不和，指挥失误。姚句耳认为楚军“速则失志，不整丧列”，行动过于迅速，导致考虑不周、行列丧失。这样的军队是不能依靠的，楚国很快就会失败。楚军不沉着、不庄重、过于浮躁，这些都是兵家大忌。楚军不仅士兵战斗力差，指挥的统领也不和睦。郤至分析楚军有六大弱点：楚国的将领不和睦；士兵衰老，没有战斗力；阵势不整齐；虽有南蛮军队但并未摆开阵势；摆阵之前不占卜；士兵喧闹，全无斗志。这六大弱点是透彻分析楚军之后得出的结论。楚国不仅国内的卿士不和，而且在战争中，指挥的将领也马虎大意。在战争的间隙，楚共王想要召集子反商量战事，结果“子反醉而不能见”。楚国的指挥者竟然在打仗的时候喝得大醉，这样的军队焉有不败之理？

专题四

贤哲处世与道义担当

一、卫石碏大义灭亲

背景

东周初期，中原地区的实力比较均衡，郑国、宋国、卫国算是当时的一等大国和强国。卫国东连齐国，南接郑、宋，北有邢国、赤狄、廧咎如、长狄瞍蛮，西侧有狄人部落。因为卫国处在四战之地，春秋初期，宋、卫两国经常结盟对抗郑国。特别是在卫桓公和州吁时代，短短十年间，卫国与郑国就交手五次。卫庄公时期埋下祸根，收留了共叔段的儿子公孙滑，而且出兵占据郑国的廪延。州吁好战，州吁时期也是卫国和郑国交恶的时代。州吁开创了联军攻打某国的先例，卫、宋、陈、蔡四国伐郑的“东门之役”在春秋争霸史上很具有代表性，也是春秋不义战的典例。

原文

隐公三年，卫庄公娶于齐东宫得臣之妹，曰庄姜，美而无子，卫人所为赋《硕人》也。又娶于陈，曰厉妫，生孝伯，早死。其娣戴妫，生桓公，庄姜以为己子。

公子州吁，嬖人之子也，有宠而好兵，公弗禁。庄姜恶之。石碏谏曰：“臣闻爱子，教之以义方，弗纳于邪。骄、奢、淫、佚，所自邪也。

四者之来，宠禄过也。将立州吁，乃定之矣；若犹未也，阶之为祸。夫宠而不骄，骄而能降，降而不憾，憾而能眕者，鲜矣。且夫贱妨贵，少陵长，远间亲，新间旧，小加大，淫破义，所谓六逆也；君义，臣行，父慈，子孝，兄爱，弟敬，所谓六顺也。去顺效逆，所以速祸也。君人者，将祸是务去，而速之，无乃不可乎?”弗听，其子厚与州吁游，禁之，不可。桓公立，乃老。

四年春，卫州吁弑桓公而立。公与宋公为会，将寻宿之盟。未及期，卫人来告乱。夏，公及宋公遇于清。

宋殇公之即位也，公子冯出奔郑，郑人欲纳之。及卫州吁立，将修先君之怨于郑，而求宠于诸侯，以和其民。使告于宋曰：“君若伐郑，以除君害，君为主，敝邑以赋与陈、蔡从，则卫国之愿也。”宋人许之。于是，陈、蔡方睦于卫，故宋公、陈侯、蔡人、卫人伐郑，围其东门，五日而还。

公问于众仲曰：“卫州吁其成乎?”对曰：“臣闻以德和民，不闻以乱。以乱，犹治丝而棼之也。夫州吁，阻兵而安忍。阻兵无众，安忍无亲。众叛、亲离，难以济矣。夫兵，犹火也；弗戢，将自焚也。夫州吁弑其君，而虐用其民，于是乎不务令德，而欲以乱成，必不免矣。”

秋，诸侯复伐郑。宋公使来乞师，公辞之。羽父请以师会之，公弗许。固请而行。故书曰“翚帅师”，疾之也。诸侯之师败郑徒兵，取其禾而还。

州吁未能和其民，厚问定君于石子。石子曰：“王觐为可。”曰：“何以得觐?”曰：“陈桓公方有宠于王，陈、卫方睦，若朝陈使请，必可得也。”厚从州吁如陈。石碏使告于陈曰：“卫国褊小，老夫耄矣，无能为也。此二人者，实弑寡君，敢即图之。”陈人执之而请莅于卫。九月，卫人使右宰丑莅杀州吁于濮，石碏使其宰獳羊肩莅杀石厚于陈。

君子曰：“石碏，纯臣也。恶州吁而厚与焉。‘大义灭亲’，其是之谓乎!”

卫人逆公子晋于邢。冬十二月，宣公即位。书曰“卫人立晋”，众也。

（节选自《左传纪事本末》 卷三十七《卫州吁宣姜之乱》）

译文

隐公三年，卫庄公娶了齐国太子得臣的妹妹，名叫庄姜。庄姜长得漂亮却没有生孩子，卫国人因此为她创作了《硕人》这篇诗。卫庄公又从陈国娶了一个妻子，名叫厉妫，生了孝伯，孝伯很早就死了。跟厉妫陪嫁来的妹妹戴妫，生了桓公，庄姜就把他作为自己的儿子。

卫国的公子州吁，是庄公的爱妾所生。州吁依恃宠爱，喜欢摆弄刀枪，庄公不加禁止。庄姜则讨厌州吁。卫大夫石碏劝庄公说：“我听说疼爱孩子应当用道义教育他，不要让他走上邪路。骄横、奢侈、淫乱、放纵是导致邪恶的原因。这些坏品行的形成，又是宠爱太过的缘故。如果您想立州吁为太子，就确定下来；如果定不下来，便会成为祸患。受宠而不骄横，骄横而能安于下位，地位在下而不怨恨，心里怨恨而能克制，如此的人实在太少了。况且低贱妨害高贵，年少欺凌年长，疏远离间亲近，新人离间旧人，弱小压迫强大，淫乱败坏道义，这是六件背离道理的事。国君仁义，臣子恭行，为父慈爱，为子孝顺，为兄爱护，为弟恭敬，这是六件顺理的事。背离顺理的事而效法违理的事，这就是很快会招致祸患的原因。作为君主，应当尽力除掉祸害，而现在却加速祸害的到来，这大概是不行的吧？”卫庄公不听劝告。石碏的儿子石厚与州吁交往，石碏阻止他们往来，没成功。卫桓公即位之后，石碏怕牵连自己，就告老还家了。

四年春季，卫国的州吁杀了卫桓公而自立为国君。鲁隐公和宋殇公打算会见，重温在宿地所建立的友好关系。还没有到预定的日子，卫国人前来报告，卫国发生了叛乱。夏季，鲁隐公和宋殇公在清地会见。

宋殇公即位后，公子冯逃到了郑国，郑国人想护送他回国。州吁立为国君后，准备向郑国报复前代国君结下的怨恨，以此讨好诸侯，安定国内人心。他派人告诉宋国说："君王如果要进攻郑国，以除去祸害，以君王为主，敝邑将出兵出物，和陈、蔡两国一道作为属军，这是卫国的愿望。"宋国答应了。当时，陈国、蔡国正和卫国友好，所以宋殇公、陈桓公、蔡国人、卫国人联合进攻郑国，包围了国都的东门，五天以后才回去。

鲁隐公向众仲询问说："卫国的州吁能成功吗？"众仲回答说："我听说要用德行安定百姓，而不曾听说用祸乱的。用祸乱，就好比要理出乱丝的头绪，反而更加混乱。州吁只知道依仗武力，毫无仁慈之心。依仗武力就会失去百姓，安于残忍就会没有亲信。这样老百姓就会反对他，亲信的人也会离开他，他的政权不会长久。战争，就像火一样，如果一味用兵而不加收敛，他就会玩火自焚。州吁杀了他的国君，又暴虐地对待百姓，不致力于建立美德，反而想通过祸乱来取得成功，就一定不能免于祸患了。"

秋季，诸侯再次进攻郑国。宋殇公派人前来请求出兵相救，鲁隐公推辞了。羽父请求出兵相会合，鲁隐公不同意。羽父坚决请求以后便前去。所以《春秋》记载说"翚帅师"，这是表示讨厌他不听命令。诸侯的军队打败了郑国的步兵，割取了那里的谷子便回来。

州吁不能安定他的百姓。石厚向石碏询问安定君位的办法。石碏说："朝觐周天子就可以取得合法地位。"石厚说："如何才能去朝觐呢？"石碏说："陈桓公正在受到天子的宠信，现在陈、卫两国关系和睦，如果朝见陈桓公，让他代为请求，就一定可以成功。"于是石厚就跟随州吁到了陈国。石碏派人告诉陈桓公说："卫国地方狭小，我老头子年纪已七十多了，不能做什么事了，这两个人，确实杀死了我国君主，请您趁此机会除掉他们。"陈国人把这两个人抓住，而请卫国派人来陈国处理。九月，卫国人派右宰丑在陈国的濮地杀了州吁，石碏派他的管家獳羊肩在陈国杀了石厚。

君子说：“石碏真是个忠臣。憎恨州吁而连同自己的儿子石厚一齐杀掉。‘大义灭亲’大概说的就是这种事情吧！”

卫国人到邢国迎接公子晋。冬季，十二月，卫宣公即位。《春秋》记载说“卫人立晋”，意思是说立公子晋为君得到多数人的拥护。

“大义灭亲”这个词的出现就与石碏有关。石厚是石碏之子，石厚和卫桓公的异母弟弟州吁，一起杀害了卫桓公。新君州吁让石厚去请教他父亲石碏如何治国，并企图利用石碏的声望拉拢朝臣，但石碏却恨石厚大逆不道，设计杀了在位十个月的新君州吁和儿子石厚。

州吁恃宠而骄，从小便喜欢舞刀弄枪，庄公却视而不见。这也是导致州吁日后好战的原因。州吁的生母是卫庄公的爱妾，地位不稳。而庄公之妻庄姜膝下无子，庄公又对州吁很溺爱，庄姜不喜州吁，所以对州吁的教育很是空缺。石碏看到这情形觉得不妥，便去向庄公谏言。石碏劝庄公，太过宠溺会滋长坏品行。疼爱孩子不能只是一味地溺爱、放纵，在满足需求的同时，还应引导孩子走上正确的道路。可惜石碏的一番苦口婆心，卫庄公并未听进心里。事实上，作为父母，如果真正对孩子负责，就不要让孩子肆意胡闹、任性妄为，这样成长起来的孩子是没有底线的，什么事情都敢做，这就会对整个家庭产生毁灭性的破坏。对个体家庭而言如此，对国家而言更是如此。

教育的本质是一棵树摇动另一棵树，一朵云推动另一朵云，一个灵魂唤醒另一个灵魂。赞科夫曾经说过：“我们所处的这个时代，不仅要求一个人具备广博而深刻的知识，而且要求发展他的智慧、意志、感情，发展他的才能和天资。”受宠而不骄横，骄横而能安于下位，地位在下而不怨恨，心里怨恨而能克制。这样的人太少了，可这不能成为不以其为目标进取的理由。

二、烛之武退秦师

背景

秦、晋围郑发生在公元前630年。在这之前，郑国有两件事得罪了晋国：一是晋文公当年逃亡路过郑国时，郑国没有以礼相待；二是在鲁僖公二十八年（前632）的晋、楚城濮之战中，郑国曾出兵帮助楚国。（《左传·僖公二十八年》："役之三月，郑伯如楚致其师。"）结果，城濮之战以楚国失败而告终。郑国感到形势不妙，马上派子人九出使晋国，与晋结好。甚至在公元前632年五月，"晋侯及郑伯盟于衡雍"。但是，最终也没能感化晋国。

晋文公为了争夺霸权，还是在两年后发动了这次战争。晋国为什么要联合秦国围攻郑国呢？这是因为，秦国当时也要争夺霸权，也需要向外扩张。发生在公元前632年的城濮之战，事实上是两大军事集团之间的战争。

原文

（鲁僖公）三十年九月甲午，晋侯、秦伯围郑，以其无礼于晋，且贰于楚也。晋军函陵，秦军氾南。

佚之狐言于郑伯曰："国危矣，若使烛之武见秦君，师必退。"公从之。辞曰："臣之壮也，犹不如人，今老矣，无能为也已。"公曰："吾不能早用子，今急而求子，是寡人之过也。然郑亡，子亦有不利焉。"许之，夜缒而出，见秦伯，曰："秦、晋围郑，郑既知亡矣。若亡郑而有益于君，敢以烦执事。越国以鄙远，君知其难也，焉用亡郑以陪邻？邻之厚，君之薄也。若舍郑以为东道主，行李之往来，共其乏困，君亦无所害。且君尝为晋君赐矣，许君焦、瑕，朝济而夕设版焉，君之所知也。夫晋，何厌之有？既东封郑，又欲肆其西封。若不阙秦，将焉取之？阙秦以利晋，唯君图之。"秦伯说，与郑人盟，使杞子、逢孙、扬孙戍之，乃还。

子犯请击之，公曰："不可。微夫人之力不及此。因人之力而敝之，不仁；失其所与，不知；以乱易整，不武。吾其还也。"亦去之。

（节选自《左传纪事本末》 卷五十二《秦穆公伯西戎》）

译文

（鲁僖公）三十年九月初十日，晋文公和秦穆公联合围攻郑国，因为郑国当年对晋文公无礼，并且又亲附楚国。晋军驻扎在函陵，秦军驻扎在氾水的南面。

大夫佚之狐对郑文公说："国家非常危险了。如果派烛之武去会见秦穆公，秦国的军队一定会撤退。"郑文公听从了佚之狐的建议，叫烛之武来商议。烛之武推辞说："我年轻时，尚且不如别人；现在老了，也不能有什么作为了。"郑文公说："我早先没有重用您，现在由于情况危急而求您，这是我的过错。然而郑国灭亡了，对您也不利啊！"于是烛之武答应了。夜里，郑人用绳子绑住烛之武的身体，把他从城上吊下去。烛之武见到秦穆公，说："秦、晋两国围攻郑国，郑国自知必定要灭亡了。假如灭掉郑国对您有好处，那就麻烦你们进攻吧。越过邻国把远方的郑国作为秦国的东部边邑，您知道这是困难的，您为什么要灭掉郑国而给邻邦晋国增加土地呢？邻国的实力雄厚了，您秦国的实力也就相对削弱了。如果您放弃围攻郑国而把它当作东方道路上接待过客的主人，出使的人来来往往，郑国可以随时供给他们缺少的东西，对您也没有什么害处。而且您曾经给予晋惠公恩惠，他答应把焦和瑕两座城池送给您作为报答。可是，他早晨刚渡过黄河回国，晚上就修筑防御工事，这是您知道的。晋国怎么会满足呢？如果灭了郑国，晋国把郑国作为它东部的疆界，就必定要扩张它西部的疆界。如果不侵占秦国的领土，又到哪里去占有土地？削弱秦国而使晋国得到好处，希望您好好考虑这件事。”秦穆公听了很高兴，就和郑国签订了盟约，留下杞子、逢孙、扬孙戍守郑国，自己撤兵回去了。

晋大夫子犯请求出兵攻击秦军。晋文公说：“不行，没有秦穆公的帮助，我们不能有今天。依靠了别人的力量，又反过来伤害他，这是不仁义的；失掉自己的同盟者，这是不明智的；用秦、晋之间的冲突动乱代替原来的和睦一致，这是不符合武德的。我们还是回去吧！”晋军也撤兵离开了郑国。

评析

晋国围郑，是因为郑国曾对晋文公无理，并且对楚国有二心，这一切和秦国毫无关系。秦国出兵并不是单纯地想帮助晋国，它的目的是从中获利。烛之武一针见血地指出秦与晋结盟，出兵伐郑，对秦国来说毫无益处，所以秦穆公爽快地放弃晋国而与郑国结盟。烛之武退秦师，与其说是烛之武凭借自己的聪慧和高超的语言技巧说服秦穆公，倒不如说是烛之武给秦穆公分析了利弊关系后，秦穆公为了秦国的利益着想，主动退军。

烛之武是一匹千里马，在佚之狐向郑文公推荐前，烛之武碌碌无为，不被重用，只是郑国的一个小小的养马官，以至于他说出“臣老矣，无能为也矣”这样抱怨的话。对佚之狐这个人物的评价，历史上褒贬不一，但是他在国家危急的时刻没有选择将这差事丢掉一边，而是选择推荐烛之武去做说客来劝说秦国退军，真的是一大功臣，这也说明了佚之狐是一个胸藏韬略、高瞻远瞩、能谋善断的人。

“苟利国家生死以，岂因祸福避趋之。”烛之武的才华虽然长久被埋没，但是当国家有难的时候，他依然挺身而出。岁月给了烛之武太多的落寞与不甘，同时也磨砺了他的沉稳与敏锐。他与秦穆公的交锋，从一开始就注定了他的胜局，几十年积蓄的能量终于在此刻闪亮地释放和爆发。机遇只会落到有准备的人身上，尽管烛之武怀才不遇，但他始终没有放弃自己的理想，最终能保家卫国、名留青史。

三、宁武子弭晋难

背景

宁武子，春秋时卫国大夫，朝歌人，名俞，武是他的谥号。宁武子生长在一个战乱频仍的年代，卫懿公好鹤误国，北狄夺取朝歌城，宁武子及家人随逃难的人群一路东奔。后来卫文公在齐桓公的帮助下复国并迁都楚丘，宁武子开始在君主身边做官，并逐渐崭露头角，受到卫文公重用。文公在位25年，接受前朝教训，励精图治，卫国慢慢恢复了元气，国力渐强。到了卫成公时代，成公又因一时的繁荣景象迷失了方向，荒淫而无道，卫国再次陷入了混乱之中。国内有识之士、有功之臣或遭受迫害，或离家出走。而宁武子则装聋作哑，自保其身，以便等待时机。

原文

（僖公）二十八年春，晋侯伐卫，取五鹿。晋侯、齐侯盟于敛盂。卫侯请盟，晋人弗许。卫侯欲与楚，国人不欲，故出其君以说于晋。卫侯出居于襄牛。公子买戍卫，楚人救卫，不克。

夏四月戊辰，晋侯、宋公、齐国归父、崔夭、秦小子慭次于城濮。己巳，晋师陈于莘北，楚师败绩。卫侯闻楚师败，惧，出奔楚，遂适陈，使元咺奉叔武以受盟。或诉元咺于卫侯曰：“立叔武矣。”其子角从公，公使杀之。咺不废命，奉夷叔以入守。六月，晋人复卫侯。宁武子与卫人盟于宛濮，曰：“天祸卫国，君臣不协，以及此忧也。今天诱其衷，使皆降心以相从也。不有居者，谁守社稷？不有行者，谁扞牧围？不协之故，用昭乞盟于尔大神，以诱天衷。自今日以往，既盟之后，行者无保其力，居者无惧其罪。有渝此盟，以相及也，明神先君是纠是殛。”国人闻此盟也，而后不贰。

卫侯先期入，宁子先。长牂守门，以为使也，与之乘而入。公子歂犬、华仲前驱。叔武将沐，闻君至，喜，捉发走出，前驱射而杀之。公知其无罪也，枕之股而哭之。歂犬走出，公使杀之。元咺出奔晋。

冬，卫侯与元咺讼，宁武子为辅，针庄子为坐，士荣为大士。卫侯不胜，杀士荣，刖针庄子，谓宁俞忠而免之。执卫侯，归之于京师，置诸深室。宁子职纳橐饘焉。元咺归于卫，立公子瑕。

三十年，晋侯使医衍酖卫侯，宁俞货医使薄其酖，不死。公为之请，纳玉于王与晋侯，皆十瑴。王许之。秋，乃释卫侯。

卫侯使赂周歂、冶廑，曰：“苟能纳我，吾使尔为卿。”周、冶杀元咺及子适、子仪。公入，祀先君。周、冶既服，将命，周歂先入，及门，遇疾而死。冶廑辞卿。

三十一年冬，狄围卫，卫迁于帝丘。卜曰“三百年”。卫成公梦康叔曰：“相夺予享。”公命祀相。宁武子不可，曰：“鬼神非其族类，不歆其祀。杞、鄫何事？相之不享于此久矣，非卫之罪也。不可以间成王、周公之命祀。请改祀命。”

三十二年夏，狄有乱，卫人侵狄，狄请平焉。秋，卫人及狄盟。

文公四年，卫宁武子来聘，公与之宴，为赋《湛露》及《彤弓》，不辞，又不答赋。使行人私焉，对曰：“臣以为肄业及之也。昔诸侯朝正于王，王宴乐之，于是乎赋《湛露》，则天子当阳，诸侯用命也。诸侯敌王所忾，而献其功，王于是乎赐之彤弓一、彤矢百、玈弓矢千，以觉报宴。今陪臣来继旧好，君辱贶之，其敢干大礼，以自取戾？”

冬，成风薨。

（节选自《左传纪事本末》 卷三十八《宁武子弭晋难》）

译文

（鲁僖公）二十八年春季，晋文公攻打卫国，占取了五鹿。晋文公和齐昭公在敛盂结盟。卫成公请求参加盟约，晋国人不答应。卫成公想亲附楚国，卫国人不愿意，所以赶走了他们的国君以讨好晋国。卫成公离开国都后，住在襄牛。公子买驻守在卫国，楚国人救援卫国，没有得胜。

夏季，四月初一日，晋文公、宋成公、齐国的国归父、崔夭、秦国的小子慭驻在城濮。在己巳这天，晋军在莘北陈军，楚师大败。卫成公听说楚军失败，害怕得逃亡到楚国，然后又到了陈国，派遣元咺侍奉叔武去接受盟约。有人在卫成公面前毁谤元咺说：“他已立了叔武做国君了。”元咺的儿子角跟随卫成公，卫成公派人杀了他。元咺并没有因此而废弃卫成公的命令，还是侍奉叔武回国摄政。六月，晋国允许卫成公回国复位。宁武子和卫国官吏、大族等在宛濮结盟，说：“上天降祸卫国，君臣不和谐，所以才有这样的忧患。现在上天保佑我国，让大家放弃成见而互相听从。没有留守的人，谁来守卫国家呢？没有在外出行的人，谁来捍卫守护边疆的畜牧呢？因为卫国君臣不协调的缘故，所以公开乞求伟大的神灵盟誓，以便唤起我们善良的天性。从今天订立盟约之后，在外的人不要仗恃自己的功劳，留下的人不要害怕有罪。谁要违背盟约，祸害就降临到他头上。神明和先君在上，加以惩罚诛杀。”卫国的国人听到这个盟约后，才没有二心。

卫成公比约定的日期提前进入卫国，宁武子走在卫成公前面，长牂把守城门，以为他是国君的使者，就同他一起乘车进了国都城门。公子歂犬、华仲为卫成公的前驱。叔武正准备在家中洗漱，听说卫成公回到国中，十分高兴，手握着头发跑出来迎接，公子歂犬、华仲用箭射死了他。卫成公知道叔武没有罪，枕在他的大腿上痛哭。歂犬逃跑，卫成公派人把他杀死了。元咺逃亡到晋国。

冬季，卫成公到晋国同元咺争讼，宁武子作为卫成公的诉讼人，针庄子作为卫成公的代理人，士荣作为卫成公的答辩人。卫成公没有胜诉。作为诸侯领袖的晋国杀了士荣，砍了针庄子的脚，认为宁武子忠诚而赦免了他。晋国逮捕了卫成公，把他送到了东周国都，关在了牢房里。让宁武子负责用橐囊装上稠粥给卫成公吃。元咺回到卫国，立公子瑕为卫国国君。

三十年，卫文公派遣医生衍毒死卫成公。宁武子贿赂医生，让他少放点毒药，所以卫成公没有被毒死。僖公为卫成公请命，给周襄王和晋文公各献了十对玉。周襄王同意了。秋季，卫成公被释放。

卫成公派人贿赂周歂、冶廑，说："如果能接纳我当国君，我让你们当卿。"周、冶两人杀了元咺和子适、子仪。卫成公回国，在太庙祭祀先君，周、冶两人已经穿好卿的礼服，准备接受任命，周歂先进太庙，到门口，发病而死。冶廑害怕了，便辞去卿位。

三十一年冬季，狄人包围卫国，卫国迁都到帝丘，占卜的结果是立国三百年。卫成公梦见康叔说："相夺走了我的祭献。"成公命令祭祀相。宁武子不同意，说："不是同族人的祭祀，鬼神就不会享用祭品。杞国和鄫国为什么不祭祀？相在杞国和卫国没有受到祭献很久了，这不是卫国的罪过，不能违反成王、周公所规定的祭祀，请求您收回祭祀相的命令。"

三十二年夏季，狄人发生动乱，卫军侵袭狄人，狄人请求讲和。秋季，卫国和狄结盟。

文公四年，卫国的宁武子来鲁国聘问，鲁文公设宴招待他，为他赋《湛露》和《彤弓》两首诗。宁武子既没有辞谢，也没有赋诗回答。鲁文公派使者私下探问。宁武子回答说："下臣以为是在练习演奏。从前诸侯正月去京师向天子朝贺，天子设宴奏乐，在这个时候赋《湛露》这首诗，那就表示天子对着太阳，诸侯听候命令。诸侯把天子所痛恨的人作为敌人，而且献上自己的功劳。天子因为这样而赐给他们红色的弓一把、红色的箭一百支、黑色的弓十把和箭一千支，设宴款待以表彰功劳。现在陪臣前来重修旧好，承君王赐宴，哪里敢触犯大礼来自取罪过？”

冬季，成风去世。

评析

卫国宁武子是一个处世、为官有方的大夫。当国家政治开明的时候，他就发挥聪明才智，为国效力。当国家政治黑暗的时候，他便装傻、犯糊涂。孔子对宁武子的这种做法，基本持赞许的态度，说他是“其知可及，其愚不可及”。宁武子的“愚不可及”，反映了政治黑暗年代知识分子的一种智慧，其实这是一种“大智慧”。当一个人改变不了时局时，就会寻找一种可以自保的养晦之略。两千年来，宁武子的“愚不可及”一直被人们称道。宋代程颢说：“邦无道能沉晦以免患，故曰不可及也。亦有不当愚者，比干是也。”意思是，当国家政治黑暗的时候，宁武子能够韬光养晦、自保其身免于患难，所以孔子说一般人很难做得到；也有不做这样的“愚人”的人，比方说商朝的比干。机会是留给既有聪明才智又有准备的人的。因此，当我们面对适合的机会时，要充分地发挥自己的聪明才智，尽量贡献出自己最大的力量。

四、晏子相齐

背景

晏婴是齐国上大夫晏弱之子。齐灵公二十六年（前556），晏弱病死，晏婴继任为上大夫。历任齐灵公、庄公、景公三朝，辅政长达50余年。以有政治远见、外交才能和作风朴素闻名诸侯。他聪颖机智，能言善辩。内辅国政，屡谏齐王。对外他既富有灵活性，又坚持原则性，出使不受辱，捍卫了齐国的国格和国威。

春秋后期，齐国实力不如晋国，晋军曾兵临临淄。晏婴审时度势，劝说齐庄公到澶渊结盟，承认晋国的盟主地位。晏婴坚守名分，保持独立人格，廉洁自守。齐庄公被崔杼所杀，晏婴为了履行臣子的职责，不顾个人安危，毅然前往吊唁庄公。齐景公被崔杼、庆封扶立为君后，晏婴不愿与他们同流合污，不肯参加盟誓。清除庆封的势力后，晏婴不接受赏赐，后来交还了政权和封邑，因此而免于栾氏、高氏发动的祸难。晏婴看出人心向背决定齐国未来发展，认为“齐国政权最终将归田氏。田氏虽无大的功德，但能借公事施私恩，有恩德于民，人民拥戴”。晏婴身形矮小，出使楚国，遭受侮辱，但以智慧博得尊严。二桃杀三士，不仅去除挟武自重的田开疆、公孙接、古冶子，稳定内政，而且推荐武将田穰苴，抵御晋楚入侵。晏婴敢于进谏，也善于进谏。齐景公生了疥疮，又得了疟疾，晏婴劝谏齐景公，让官吏放宽政令，撤除关卡，废除禁令，减轻赋税，免去债务。齐景公四十八年（前500），晏婴去世，其思想和轶事典故多见于《晏子春秋》。

原文

（鲁昭公）二十年，齐侯疥，遂痁，期而不瘳。诸侯之宾问疾者多在。梁丘据与裔款言于公曰："吾事鬼神丰，于先君有加矣。今君疾病，为诸侯忧，是祝、史之罪也。诸侯不知，其谓我不敬。君盍诛于祝固、史嚚以辞宾？"公说，告晏子。晏子曰："日宋之盟，屈建问范会之德于赵武。赵武曰：'夫子之家事治，言于晋国，竭情无私。其祝、史祭祀，陈信不愧。其家事无猜，其祝、史不祈。'建以语康王，康王曰：'神人无怨，宜夫子之光辅五君，以为诸侯主也。'"公曰："据与款谓寡人能事鬼神，故欲诛于祝、史。子称是语，何故？"对曰："若有德之君，外内不废，上下无怨，动无违事，其祝、史荐信，无愧心矣。是以鬼神用飨，国受其福，祝、史与焉。其所以蕃祉老寿者，为信君使也，其言忠信于鬼神。其适遇淫君，外内颇邪，上下怨疾，动作辟违，从欲厌私，高台深池，撞钟舞女，斩刈民力，输掠其聚，以成其违，不恤后人，暴虐淫从，肆行非度，无所还忌，不思谤讟，不惮鬼神，神怒民痛，无悛于心。其祝、史荐信，是言罪也；其盖失数美，是矫诬也。进退无辞，则虚以求媚。是以鬼神不飨其国以祸之，祝、史与焉。所以夭昏孤疾者，为暴君使也，其言僭嫚于鬼神。"公曰："然则若之何？"对曰："不可为也。山林之木，衡鹿守之；泽之萑蒲，舟鲛守之；薮之薪蒸，虞候守之；海之盐蜃，祈望守之。县鄙之人，入从其政；逼介之关，暴征其私；承嗣大夫，强易其贿；布常无艺，征敛无度；宫室日更，淫乐不违；内宠之妾，肆夺于市；外宠之臣，僭令于鄙。私欲养求，不给则应。民人苦病，夫妇皆诅。祝有益也，诅亦有损。聊、摄以东，姑、尤以西，其为人也多矣。虽其善祝，岂能胜亿兆人之诅？君若欲诛于祝、史，修德而后可。”公说，使有司宽政，毁关，去禁，薄敛，已责。公疾愈。

十二月，齐侯田于沛，招虞人以弓，不进。公使执之。辞曰：“昔我先君之田也，旃以招大夫，弓以招士，皮冠以招虞人。臣不见皮冠，故不敢进。”乃舍之。仲尼曰：“守道不如守官，君子韪之。”

齐侯至自田，晏子侍于遄台，子犹驰而造焉。公曰：“唯据与我和夫！”晏子对曰：“据亦同也，焉得为和？”公曰：“和与同异乎？”对曰：“异。和如羹焉，水、火、醯、醢、盐、梅，以烹鱼肉，焯之以薪。宰夫和之，齐之以味，济其不及，以泄其过。君子食之，以平其心。君臣亦然。君所谓可而有否焉，臣献其否以成其可；君所谓否而有可焉，臣献其可以去其否。是以政平而不干，民无争心。故《诗》曰：‘亦有和羹，既戒既平。鬷假无言，时靡有争。’先王之济五味和五声也，以平其心，成其政也。声亦如味，一气，二体，三类，四物，五声，六律，七音，八风，九歌，以相成也；清浊，小大，短长，疾徐，哀乐，刚柔，迟速，高下，出入，周疏，以相济也。君子听之，以平其心。心平，德和。故《诗》曰：‘德音不瑕。’今据不然。君所谓可，据亦曰可；君所谓否，据亦曰否。若以水济水，谁能食之？若琴瑟之专一，谁能听之？同之不可也如是。”

饮酒乐。公曰：“古而无死，其乐若何！”晏子对曰：“古而无死，则古之乐也，君何得焉？昔爽鸠氏始居此地，季萴因之，有逢伯陵因之，蒲姑氏因之，而后大公因之。古若无死，爽鸠氏之乐，非君所愿也。”

二十六年，齐有彗星，齐侯使禳之。晏子曰：“无益也，只取诬焉。天道不谄，不贰其命，若之何禳之？且天之有彗也，以除秽也。君无秽德，又何禳焉？若德之秽，禳之何损？《诗》曰：‘惟此文王，小心翼翼，昭事上帝，聿怀多福。厥德不回，以受方国。’君无违德，方国将至，何患于彗？《诗》曰：‘我无所监，夏后及商。用乱之故，民卒流亡。’若德回乱，民将流亡，祝、史之为，无能补也。”公说，乃止。

齐侯与晏子坐于路寝，公叹曰：“美哉室！其谁有此乎?”晏子曰：“敢问何谓也?”公曰：“吾以为在德。”对曰：“如君之言，其陈氏乎！陈氏虽无大德，而有施于民。豆、区、釜、钟之数，其取之公也薄，其施之民也厚。公厚敛焉，陈氏厚施焉，民归之矣。《诗》曰：‘虽无德与女，式歌且舞。’陈氏之施，民歌舞之矣。后世若少惰，陈氏而不亡，则国其国也已。”公曰：“善哉！是可若何?”对曰：“唯礼可以已之。在礼，家施不及国，民不迁，农不移，工贾不变，士不滥，官不滔，大夫不收公利。”公曰：“善哉！我不能矣。吾今而后知礼之可以为国也。”对曰：“礼之可以为国也久矣。与天地并。君令、臣共，父慈、子孝，兄爱、弟敬，夫和、妻柔，姑慈、妇听，礼也。君令而不违，臣共而不贰；父慈而教，子孝而箴；兄爱而友，弟敬而顺；夫和而义，妻柔而正；姑慈而从，妇听而婉，礼之善物也。”公曰：“善哉！寡人今而后闻此礼之上也。”对曰：“先王所禀于天地，以为其民也，是以先王上之。”

（节选自《左传纪事本末》卷二十《灵景经略》附）

译文

（鲁昭公）二十年，齐景公患了疟疾并恶化，整整一年也未痊愈。诸侯派遣的来探问齐景公病情的宾客有许多人。梁丘据和裔款对齐景公说：“我们供奉鬼神，祭品比先君丰盛有加。现在君王您患病，使诸侯忧心，这是祝官和史官的罪过。诸侯不了解实情，大概会认为我们对鬼神不恭敬，您何不杀掉祝固和史嚚来酬谢探问疾病的宾客?”齐景公很高兴，把这件事告诉了晏子。晏子说：“从前在宋国盟会的时候，屈建向赵武询问范会的德行。赵武说：‘他家族中的事务井然有序，他在晋国说话，尽心尽意而没有私心。他的祝官和史官祭祀的时候，向鬼神讲诚实的话而不感到问心有愧；他的家族中没有可猜疑的事情，所以他的祝史和史官也不向鬼神祈求。’屈建把这些话告诉了康王。康王说：‘神和人都没有怨恨，他荣耀地辅佐五位君主，使他们成为诸侯的盟主，实在是应该的了。’”齐景公说：“梁丘据和裔款认为我能够侍奉鬼神，可是鬼神不保佑我，所以我想杀掉祝官和史官。您说出这些话，是什么缘故？”晏子回答说：“如果是有德行的君主，内外政事都没有荒废，上下的人都没有怨恨，一举一动都没有违背礼仪的事，他的祝官和史官向鬼神陈述实际情况，就没有惭愧之心了。因此，鬼神享用祭品，国家受其福佑，祝官和史官也有份。他们之所以家族兴旺有福、健康长寿，是因为他们是诚信的君主的使者，他们的话忠诚信实。如果恰巧遇到一个淫邪之君，内外政事偏颇邪恶，上下的人怨恨嫉妒，一举一动邪僻背理，放纵欲望满足私心，建造高台深池，奏乐歌舞，耗尽百姓的力量，掠夺百姓的积蓄，来成就其违礼之行，不顾恤后人，暴虐放纵，肆意做不符合法度之事，无所顾忌，不考虑那些怨谤之言，不害怕鬼神的惩罚，鬼怒民怨，心中也无悔意。他的祝官和史官如果向鬼神陈述实际情况，就是诉说君主的罪行；如果向鬼神掩盖君主的过错，奢谈君主的美德，这就是欺骗作假。祝官和史官进退两难，无话可讲，只好说些空洞的话以讨得鬼神的欢心。所以，鬼神不享用祭品，他的国家因此遭殃，祝官和史官也遭殃。他们之所以昏惑孤寂、患病夭折，是因为他们是残暴的君主的使者，他们轻侮欺诈鬼神。”齐景公说：“既然这样，那么应该怎么办？”晏子回答说：“不要杀祝官和史官。山林中的树，有衡鹿守着；沼泽中的芦苇，有舟鲛守护；草野中的柴草，有虞候守护；大海中的盐与蛤，有祈望守护。远地方来的人，入境就得随从政令；邻近国都的关卡，横征暴敛；世袭的大夫，强行夺取民财；发布政令没有准则，征收赋税没有节制；宫室每天轮换着住，荒淫作乐不肯离开；宫内的宠妾，在市场上肆意掠夺；宫外的宠臣，在边远之地假传王令。私欲不断膨胀，不能满足就予以惩罚。百姓痛苦困乏，丈夫妻子都在诅咒。祝祷有好处，诅咒有害处。聊地、摄地以东，姑水、尤水以西，人口多得很呢。即使祝官和史官再善于祝祷，怎能胜过亿兆人的诅咒？君王如果想杀了祝官和史官，请修正自己的德行后再办吧。”齐景公很高兴，命令官吏宽缓政令，毁掉关卡，废除禁令，减轻赋税，免除债务。这样做了以后，齐景公的病就痊愈了。

十二月，齐景公在沛地打猎，用弓召唤虞人，虞人没有来。齐景公派人扣押了他。虞人辩解说：“从前我们先君打猎的时候，用红旗召唤大夫，用弓召唤士，用皮冠召唤虞人。下臣没有见到皮冠，所以不敢进见。”齐景公于是释放了虞人。孔子说：“守着道义不如尽责守好自己的官位。君子认为这样做是对的。”

齐景公从打猎的地方回来，晏子在遄台侍候，梁丘据驱车来到。齐景公说：“只有梁丘据与我相和啊！”晏子回答说：“梁丘据也不过是相同而已，哪里能说是相和呢？”齐景公说：“相和跟相同不一样吗？”晏子回答说：“不一样。相和就像做肉羹，用水、火、醋、酱、盐、梅来烹调鱼和肉，用柴火烧煮。厨工加以调和，使味道适中，味道太淡就增加调料，味道太浓就加水冲淡。君子吃了这种肉羹，用来平和心性。君臣之间也是这样。国君认为可以的，其中也包含了不可以，臣下进言指出不可以的，使可以的更加完备。国君认为不可以的，其中也包含了可以的，臣下进言指出其中可以的，去掉不可以的。因此，政事平和而不违背礼仪，百姓没有争斗之心。所以《诗》说：‘还有调和的好羹汤，五味备又适中。敬献神明来享用，上下和睦不争斗。’先王调匀五味、谐和五声，用来平和心性，成就政事。声音也像味道一样，是由一气、二体、三类、四物、五声、六律、七音、八风、九歌各方面相配合而成，由清浊、大小、短长、缓急、哀乐、刚柔、快慢、高低、出入、疏密各方面相调节而成。君子听了这样的音乐，可以平和心性。心性平和，德行就协调。所以《诗》说：‘美好的音乐没有瑕疵。’现在梁丘据不是这样。国君认为可以的，他也说可以；国君认为不可以的，他也说不可以。如同用清水去调剂清水，谁吃得下去？如同用琴瑟老弹一个音调，谁听得下去？不应该相同的道理，就像这样。”

晏子和齐景公一起饮酒消遣，齐景公说：“假如那些古人可以一直不死，那该有多快乐！”晏子回答说：“假如古人不死，那只是古人高兴而已，您又得到了什么快乐呢？当年爽鸠氏首先居住在这个地方，他死后季萴继承了这块土地，后来又由逢伯陵继承，然后又是蒲姑氏继承，此后才是您继承。假如那些古人可以长生不死，那么只能是爽鸠氏会得到快乐（因为他可以永远占据这片土地），但是这却不是您希望看到的情况。”

二十六年，齐国出现彗星，齐景公派人祭祀消灾。晏子说：“这是没什么用的，只是自欺欺人。天命不可怀疑，它的指令没有差错，为何要禳除它呢？况且上天出现彗星，是用来消除污秽的。君王没有污秽的德行，自然也就不用清除；如果德行污秽，祭祷能减轻吗？《诗》说：‘只有这个文王，小心恭敬，隆重地侍奉天帝，祈求各种福禄。他的德行不违背天命，受到四方邦国的崇敬。’君王没有违德的事，四方的国家都会来归服，为什么惧怕彗星呢？《诗》说：‘我没有什么可借鉴的，要有就是夏后和商。由于政事混乱，百姓最终流亡。’如果德行邪僻，百姓将会流亡，祝官和史官的所作所为，于事无补。”齐景公很高兴，就停止了祭祀。

齐景公和晏子在宫室大厅里坐着，齐景公叹气说：“多么漂亮的宫室啊！谁配拥有它呢？”晏子说：“君王，您是什么意思啊？”齐景公说：“我认为有德行的人才配。”晏子说：“君王您所指的，恐怕是陈氏吧！陈氏虽然没有大的德行，然而对百姓有施舍。豆、区、釜、钟这几种量器，陈氏征田税时就用小的，向百姓施舍时就用大的。您征税多，陈氏施舍多，百姓倾向于他了。《诗》说：‘虽然没有德行给予你，也应当载歌载舞。’陈氏的施舍，百姓已经为之歌舞了。如果您的后代稍稍懈怠，而陈氏又不灭亡，就会代而为国了。”齐景公说：“对啊！这可怎么办？”晏子回答说：“只有尊行礼教可以制止这种情况，如果符合礼，家族的施舍不能扩大到国内，百姓不迁移，农夫不变动，工人、商人不改行，士人不失职，官吏不违规，大夫不占取公家的利益。”齐景公说：“对呀！我没做到这些。我从今以后知道礼能够用来治理国家了。”晏子回答说：“礼可以治理国家，由来很久了，和天地相等。国君发令，臣下恭敬，父亲慈爱，儿子孝顺，哥哥仁爱，弟弟恭敬，丈夫和蔼，妻子温柔，婆婆慈爱，媳妇顺从，这是合于礼的。国君发令而不违背礼，臣下恭敬而没有二心；父亲慈爱而教育儿子，儿子孝顺而规劝父亲；哥哥仁爱而友善，弟弟恭敬而顺服；丈夫和蔼而知义，妻子温柔而正直；婆婆慈爱而肯听从规劝，媳妇顺从而能委婉陈辞，这是尊行礼教的表现。”齐景公说：“对呀！我从今以后听到礼应当加以崇尚了。”晏子回答说：“先王从天地那里接受了礼以治理百姓，所以先王尊崇礼。”

评析

晏婴聪颖机智，能言善辩。司马迁非常推崇晏婴，将其比为管仲。孔子曾夸赞晏婴：“救民百姓而不夸，行补三君而不有，晏子果君子也！”晏婴最高尚的品德是仁爱精神与民本思想，他已经摆脱鬼神崇拜而具有理性分析。当梁丘据和裔款将齐景公的疾病归咎于祝官和史官的失职时，晏子辩解说，祝官和史官并无过错，与其杀了他们，不如改善民生。晏婴心中有民生，而且去除了君权神授观念，他认识到田氏小斗进、大斗出的取悦于民将会影响齐国政权。子曰：“君子和而不同，小人同而不和。”（《论语·子路》）晏婴也曾分析过和而不同，他说：“若以水济水，谁能食之？若琴瑟专一，谁能听之？”正是在这种思想的基础上，孔子将“和”与“同”的差别引入人际关系的思考之中。君子在人际交往中能够与他人保持一种和谐友善的关系，但在具体问题的看法上却不必相同。关于生死，晏婴认为有生就有死，否则人类和社会就难以发展，就难以有后来人的作为。

五、子产不毁乡校

背景

子产是春秋时期郑国的大夫，是春秋时期郑国颇有政治头脑的政治家。子产当政之时，正是春秋末期社会矛盾不断加剧的时代。郑国经过春秋初期的“小霸”强盛之后，此时已经走向衰落。在外部，南有强楚，北有晋霸，晋楚争霸，矛盾不断。郑国夹在中间，亲晋则楚怨，亲楚则晋讨，左右为难。子产执政二十年，以其坚定的立场原则、雄辩的口才、渊博的学识、敏捷的应变能力，左右逢源，自如应对，维护了国格，捍卫了国家主权。子产为人称道的不仅是他出色的治国方略，还有他那种开放、包容的治政理念。

原文

子产之从政也，择能而使之。冯简子能断大事；子大叔美秀而文；公孙挥能知四国之为，而辨于其大夫之族姓、班位、贵贱、能否，而又善为辞令；裨谌能谋，谋于野则获，谋于邑则否。郑国将有诸侯之事，子产乃问四国之为于子羽，且使多为辞令。与裨谌乘以适野，使谋可否。而告冯简子，使断之。事成，乃授子大叔使行之，以应对宾客。是以鲜有败事。北宫文子所谓有礼也。

郑人游于乡校，以论执政。然明谓子产曰："毁乡校，何如？"子产曰；"何为？夫人朝夕退而游焉，以议执政之善否。其所善者，吾则行之；其所恶者，吾则改之。是吾师也，若之何毁之？我闻忠善以损怨，不闻作威以防怨。岂不遽止，然犹防川。大决所犯，伤人必多，吾不克救也。不如小决使道，不如吾闻而药之也。"然明曰："蔑也今而后知吾子之信可事也。小人实不才。若果行此，其郑国实赖之，岂唯二三臣？"

仲尼闻是语也，曰："以是观之，人谓子产不仁，吾不信也。"

（节选自《左传纪事本末》 卷四十四《子产相郑》）

译文

子产从政，选择贤能者加以使用。冯简子能决断大事；子太叔外貌秀美而内有文采；子羽能了解四方诸侯的政令，明辨各国大夫的家族姓氏、官职爵位、身份贵贱、才能高低，又善于辞令；裨谌能出谋划策，他在野外思考便能有正确的判断，在城里就不行。郑国一旦有和诸侯交往的事情，子产就向子羽询问四方诸侯的情况，并让他多拟几份外交辞令稿；和裨谌一起乘车到野外，让他思考良策；然后告诉冯简子，让他作出决断。计划完成，就交给子太叔去执行，与来宾交往应对，所以少有办错的事。这就是北宫文子所说的讲究礼节。

郑国人休闲时就到乡校聚会，议论执政者施政措施的好坏。郑国大夫然明对子产说："把乡校废除掉，怎么样？"子产说："为什么废除掉？人们早晚休息时到那里走走，议论一下施政措施的好坏。他们喜欢的，我们就推行；他们讨厌的，我们就改正。他们实际上是我的老师。为什么要毁掉它呢？我听说凭借忠善可以减少怨恨，没听说用威势来防止怨恨。用强硬办法难道不能立刻把人们的嘴堵住？但是就像防止河水决口一样。如果是大决口，伤害的人必然很多，我没办法解救。不如开个小口导流，不如我听取这些议论后把它当作治病的良药。”然明说：“我从现在起才知道您的确能成大事。我实在没有才能。如果真按您的想法去做，郑国就有了可靠的保障，岂止是有利于我们这些臣子！”

孔子听到子产的这番话后，说道：“照这些话看来，人们说子产不仁，我是不相信的。”

评析

子产不毁乡校，顺利地推行了他的改革，郑国因此兴盛。正是由于子产这种海纳百川、有容乃大的胸襟，他在郑国推行的改革才能够顺利进行，郑国的百姓才由反对变为拥护，这为郑国的振兴打下了坚实的基础。两千多年前的封建士大夫子产，竟然有这样高的政治智慧，不得不令人钦佩。子产充分展示了一名政治家广开言路、集思广益、以民为本的宽广胸怀。

韩愈曾写下《子产不毁乡校颂》，曰：“川不可防，言不可弭。下塞上聋，邦其倾矣。”并赞扬道：“诚率此道，相天下君；交畅旁达，施及无垠。”这足以证明广开言路的重要性与必要性。古往今来的事实表明，只有倾听群众呼声、善纳群言、集思广益，做到执政为民、以人为本，一个国家才能富强。正因如此，在那个年代，子产广开言路的做法更显弥足珍贵。

六、孔子仕鲁

背景

孔子的祖先是殷商后裔，周灭商后封微子启于宋，孔子的先祖为宋国微仲。自孔子的六世祖孔父嘉之后，以孔为氏，因家道破败，逃至鲁国。孔子十五志于学，从三十而立到五十而知天命，二十年的时间里，孔子总共担任过三个职务，一是中都宰，也就是中都县长，二是鲁国的小司，三是鲁国的大司寇。

春秋初期，齐国是最早称霸的诸侯国，与鲁国相比是大国、强国。齐国自齐桓公和管仲之后，盛极而衰，晋国取而代之称霸，鲁国处于齐、晋之间，为求自保，只能依附于强势的一方。到了春秋末期，齐国在景公和晏婴的治理下，实力有所恢复，有东山再起与晋争霸之势。鲁国过去依附于晋，此时欲与齐结盟，以保障本国的安全；而齐国为削弱晋国的实力，也想拉拢鲁国。在这种情况下，齐鲁两国达成协议，于鲁定公十年在夹谷举行会议。

原文

定公十年春，及齐平。夏，公会齐侯于祝其，实夹谷。孔丘相。犁弥言于齐侯曰："孔丘知礼而无勇，若使莱人以兵劫鲁侯，必得志焉。"

齐侯从之。孔丘以公退，曰：“士兵之！两君合好，而裔夷之俘以兵乱之，非齐君所以命诸侯也。裔不谋夏，夷不乱华，俘不干盟，兵不逼好。于神为不祥，于德为愆义，于人为失礼，君必不然。”齐侯闻之，遽辟之。

将盟，齐人加于载书曰：“齐师出竟而不以甲车三百乘从我者，有如此盟！”孔丘使兹无还揖，对曰：“而不反我汶阳之田，吾以共命者，亦如之！”

齐侯将享公。孔丘谓梁丘据曰：“齐、鲁之故，吾子何不闻焉？事既成矣，而又享之，是勤执事也。且牺象不出门，嘉乐不野合。飨而既具，是弃礼也。若其不具，用秕稗也。用秕稗，君辱；弃礼，名恶。子盍图之！夫享，所以昭德也。不昭，不如其已也。”乃不果享。

齐人来归郓、欢、龟阴之田。

（节选自《左传纪事本末》卷十五《孔子仕鲁》）

译文

鲁定公十年春季，鲁国同齐国讲和。夏季，鲁定公和齐景公在祝其会见，祝其实际上就是夹谷。孔子担任傧相。犁弥对齐景公说：“孔丘懂得礼仪，但是没有勇气，如果派莱人用武力劫持鲁侯，一定能够如愿。”齐景公听从了犁弥的话。孔子带着鲁定公往后退，并说：“士兵们，快拿起武器冲上去！我们两国国君在这里举行友好会盟，远方夷狄的俘虏竟敢拿着武器行暴，这绝不是齐国国君命令诸侯会合的本意。远方异国不得谋我华夏，夷狄不得扰乱中国，俘虏不可扰乱会盟，武力不能逼迫友好。这是对神灵的不敬，从道德上讲是不义，从为人上讲是失礼，齐国国君一定不会这样做。”齐景公听了这番话后，急忙叫莱人避开。

即将举行盟誓时，齐国人在盟书上加上了这样的话：“一旦齐国军队出境作战，鲁国如果不派三百辆兵车跟随我们，就按此盟誓接受惩罚。”孔子让兹无还作揖回答说：“如果你们不归还我们汶水北岸的土地，而要让鲁国派兵跟从的话，也要按此盟约接受惩罚。”

齐景公准备设宴款待鲁定公。孔子对梁丘据说：“齐、鲁两国的传统礼节，您难道没听说过吗？会盟既然已经完成，贵国国君却要设宴款待我国国君，这岂不是徒然烦扰贵国群臣？何况牛形和象形的酒器，按规矩不能拿出宫门，而雅乐也不能在荒野演奏。如果宴席上配备了这些酒器，这是抛弃礼仪。如果这些东西不备齐，那如同舍弃五谷而用秕稗来款待，有伤贵国国君的脸面；抛弃礼仪则名声不好。希望您慎重考虑。宴客是为了发扬君主的威德，假如宴会不能发扬威德，倒不如干脆作罢更好。”于是，齐国就取消了宴会。

齐国人归还了鲁国郓邑、欢邑和龟阴邑的土地。

评析

夹谷之会，孔子用只言片语就解决了齐景公派出的凶猛的莱人，临危而不惧，做到了知礼而有勇。从约定盟誓到婉言谢绝赴宴，一步一步成功促成了齐鲁会盟。从两国实力上来说，齐国的实力虽不如春秋初期那么强大，但也远大于鲁国，即使齐鲁会盟，鲁国依旧处于劣势，但孔子却凭借自己的聪明才智，先是喝退了凶猛的莱人，然后据理力争，为鲁国收复了郓邑、欢邑和龟阴邑的土地。司马迁说：“孔子为中都宰，一年，四方皆则之。”不过才一年的时间，中都县周围的其他地方都在效法中都的做法，由此可见孔子的过人之处。

外交辞令与预言灾异

一、阴饴甥对秦伯

背景

晋国发生骊姬之乱后，诸公子或死，或流亡。晋献公死后，里克、邳郑杀死太子奚齐和悼子，迎立夷吾，是为晋惠公。当初为了得到强邻秦国的辅助，夷吾派郤芮前往恳求，还许以焦、瑕二城作为答谢。秦穆公答应了，并立即出兵护送夷吾回国即位。当上国君后，晋惠公杀了里克、邳郑，又反悔了当初的许诺，拒绝划出曾答应赠送给秦国的焦、瑕二城，晋国和秦国由此开始交恶。晋国后来遭遇了大灾，百里奚等力劝秦穆公不计前嫌，给予赈济，这才使晋国平安度过了饥荒。几年后，秦国大旱歉收，自然也向晋国求援，但是晋惠公不但不卖给秦国粮食，反而大举发兵伐秦。因此，秦穆公大怒，亲自率领大军讨伐晋国。两国军队战于韩原。秦穆公的战车陷入重围，在他仰天长叹的时候，一群晋国的流浪汉救了他，秦穆公继续冲锋陷阵，结果晋军大败，晋惠公当了俘虏。秦穆公打算杀了晋惠公祭祀天地。秦穆公的夫人，即申生的姐姐，身穿孝服哀求秦穆公放过晋惠公。秦穆公答应了，让晋国派使臣到王城会盟。

原文

（鲁僖公十五年）十月，晋阴饴甥会秦伯，盟于王城。

秦伯曰："晋国和乎？"对曰："不和。小人耻失其君而悼丧其亲，不惮征缮以立圉也，曰'必报仇，宁事戎狄'。君子爱其君而知其罪，不惮征缮以待秦命，曰'必报德，有死无二'。以此不和。"秦伯曰："国谓君何？"对曰："小人戚，谓之不免；君子恕，以为必归。小人曰：'我毒秦，秦岂归君？'君子曰：'我知罪矣，秦必归君。贰而执之，服而舍之，德莫厚焉，刑莫威焉。服者怀德，贰者畏刑，此一役也，秦可以霸。纳而不定，废而不立，以德为怨，秦不其然。'"秦伯曰："是吾心也。"改馆晋侯，馈七牢焉。

（节选自《左传纪事本末》卷五十二《秦穆公伯西戎》）

译文

（鲁僖公十五年）十月，晋国的阴饴甥会见秦穆公，并在王城结盟。

秦穆公问他："你们晋国内部和睦吗？"阴饴甥回答说："不和睦。小人以失去国君为耻，又因丧失亲人而悲伤，不怕多征赋税，舍得花钱添置武器盔甲，并且拥立太子姬圉继任国君。他们说：'宁可侍奉戎狄，也一定要报仇。'君子爱护自己的国君，但也知道他的罪过。他们不怕多征赋税，舍得花钱添置武器盔甲，为的是等待秦国送回国君的命令。他们说：'一定要报答秦国的恩德，死也不敢有二心。'所以说不和睦。"秦穆公又问："你们对国君的命运有什么看法？"阴饴甥回答说："小人忧愁，认为秦国不会赦免国君；君子宽心，认为国君必定会回来。小人说：'我们对秦国太无情了，秦国岂肯还我国君？'君子说：'我们知罪了，秦国必定还我国君。他背叛了，就抓起来；他认罪了，就放回来。恩德没有比这更宽厚的了，刑罚也没有比这更威严的了。内心臣服的自然感恩怀德，那怀有二心的也会畏惧刑罚。这一仗如此了结，秦国真可成就霸业了。当初贵国送国君回国即位，又不能使他安于君位，或者废了他又不立新君，以致原来施的恩德反变成怨恨，秦国总不会出此下策吧！’”秦穆公说：“你讲的正合我心啊！”于是改变态度，将晋惠公安置到宾馆里，并赠送了牛、羊、猪各七头。

评析

阴饴甥，即吕省（吕甥），复姓瑕吕，阴是他封邑的名称，晋国大夫，晋惠公的重要大臣。在晋惠公背信弃义、与秦国交锋被俘后，阴饴甥作为战败国的代表，面对仁厚的秦穆公，理屈不容置疑，但是他并未词穷。他利用回答问题的机会，巧妙地表述了晋国国内的舆论倾向，向秦穆公施加压力。他引用君子和小人的不同认识，请秦穆公权衡利弊，以博大的胸怀宽恕晋惠公。能在这样的条件下不卑不亢，并使晋惠公脸面尚存，阴饴甥的外交辞令可谓典范。

本文行文最明显的特色就是对照，“君子”与“小人”对，“报仇”与“报德”对，“威”与“恕”对，“怀德”与“畏刑”对。内容含意上的正反开合，则是意与意对。这种骈散结合，在唐以后的散文中，以韩愈为代表，曾被大量运用。在语意上，用四个“必”字、四个“德”字，形成排比语势。以君子信君子，是尊秦穆公为君子，用“德”字把秦穆公稳住，无可申辩，不得不允。

外交辞令固然重要，但关键还是政治局势促成了晋惠公活着回国。周天子以晋周同宗为由，不允许杀；秦穆公的夫人穆姬“衰绖涕泣”，请求不要杀，另外就是晋惠公的态度。当两国国君会盟，秦穆公许可晋惠公回国时，晋惠公先派阴饴甥回晋，说明他已经没有面目再回国拜社稷，请诸臣立太子圉也是要断了秦国要挟的念头。

二、展喜犒师

背景

鲁僖公二十六年（前634），齐孝公率军攻打鲁国，齐强鲁弱，又适逢鲁国发生饥荒，根本无力抵挡，形势十分危急。鲁僖公派遣展喜犒劳齐军，展喜机智善辩，从容应对，最终取得了外交上的胜利。齐孝公无言以对，不得不收兵还师。

原文

（鲁僖公）二十六年夏，齐孝公伐我北鄙。

公使展喜犒师，使受命于展禽。齐侯未入竟，展喜从之，曰："寡君闻君亲举玉趾，将辱于敝邑，使下臣犒执事。"齐侯曰："鲁人恐乎？"对曰："小人恐矣，君子则否。"齐侯曰："室如悬罄，野无青草，何恃而不恐？"对曰："恃先王之命。昔周公、大公股肱周室，夹辅成王。成王劳之，而赐之盟，曰：'世世子孙无相害也！'载在盟府，大师职之。桓公是以纠合诸侯，而谋其不协，弥缝其阙，而匡救其灾，昭旧职也。及君即位，诸侯之望曰：'其率桓之功！'我敝邑用不敢保聚，曰：'岂其嗣世九年，而弃命废职？其若先君何？君必不然。'恃此以不恐。"齐侯乃还。

（节选自《左传纪事本末》 卷二十五《晋文公之伯》）

译文

（鲁僖公）二十六年夏季，齐孝公攻打鲁国北部边境。

僖公派展喜去慰劳齐军，并让他到展禽那里请教犒劳齐军的外交辞令。齐孝公还没有进入鲁国国境，展喜就出境迎上去觐见他，说：“寡君听说您亲自出动大驾，将要光临敝邑，派遣下臣来犒劳您的左右侍从。”齐孝公说：“鲁国人害怕吗？”展喜回答说：“小人害怕了，君子不害怕。”齐孝公说：“你们的房屋空无所有，四野里连青草都没有，倚仗着什么而不害怕？”展喜回答说：“倚仗先王的命令。从前周公、太公辅佐周王朝，在左右协助成王。成王慰劳他们，赐给他们盟约，说：‘世世代代的子孙，不要互相侵害。’这个盟约藏在盟府里，由太史掌管。桓公因此联合诸侯，商讨解决他们之间的纠纷，弥补他们的过失，救援他们的灾难，这都是显扬过去的职责。等君王即位，各国诸侯盼望着说：‘他会继承桓公的功业吧。’我敝邑因此不敢保城聚众，说：‘难道他即位九年，就背弃王命、废弃职责？他怎么向先君交代？他一定不会这样做的。’倚仗着这个，所以不害怕。”齐孝公于是收兵回国。

评析

展喜措辞礼数周到，神态不慌不忙，俨然胸有成竹。展喜不提对方进犯一事，而称对方此行是来访，巧妙地为自己犒劳齐师张目，显得合乎情理。齐孝公态度轻蔑、盛气凌人，而展喜表现的却是那么从容镇定，所恃的其一是先王“世世子孙无相害也”之命；其二是齐桓公广修仁义而终成霸业的榜样作用；其三是基于鲁国对齐侯的信赖。言辞中绵里藏针，辛辣有力，具有丰富的潜台词：第一，齐侯如果侵犯鲁国，那就是公然违背天子命令，践踏盟约，背信弃义；第二，齐侯如果侵犯鲁国，那就是背叛孝道，并将失去人心；第三，鲁国之所以不兴兵相抗，并不是软弱可欺，因此也绝不会害怕。全文结构紧凑，无一闲文懈笔，辞辩精妙绝伦，不愧是一篇优美的外交辞作。

三、郑子家告赵宣子

背景

郑国是一个小国，地处晋国和楚国两个大国之间，对于近邻的晋国要侍奉，对于远一些的楚国也要周旋，察言观色，仰人鼻息，夹缝中的苟活苦不堪言。但是晋国对此还很不满意。鲁文公十五年，新城之盟，晋受齐赂而班师；鲁文公十七年，讨宋之役，仍立弑君之公子鲍，晋国的行径已经不为郑国所认可，甚至有轻视的意思。晋国以为郑国“贰于楚”，乃是臆度之词。于是，郑国的执政大臣子家给晋国的执政大臣赵宣子写了这封信。

原文

（文公十七年）夏四月，晋侯蒐于黄父，遂复合诸侯于扈，平宋也。公不与会，齐难故也。书曰“诸侯”，无功也。

于是晋侯不见郑伯，以为贰于楚也。郑子家使执讯而与之书，以告赵宣子曰：“寡君即位三年，召蔡侯而与之事君。九月，蔡侯入于敝邑以行。敝邑以侯宣多之难，寡君是以不得与蔡侯偕。十一月，克减侯宣多而随蔡侯以朝于执事。十二年六月，归生佐寡君之嫡夷，以请陈侯于楚，而朝诸君。十四年七月，寡君又朝，以蒇陈事。十五年五月，陈侯自敝邑往朝于君。往年正月，烛之武往，朝夷也。八月，寡君又往朝。以陈蔡之密迩于楚，而不敢贰焉，则敝邑之故也。虽敝邑之事君，何以不免？在位之中，一朝于襄，而再见于君。夷与孤之二三臣相及于绛。虽我小国，则蔑以过之矣。今大国曰：'尔未逞吾志。'敝邑有亡，无以加焉。古人有言曰：'畏首畏尾，身其馀几？'又曰：'鹿死不择音。'小国之事大国也，德，则其人也；不德，则其鹿也。铤而走险，急何能择？命之罔极，亦知亡矣。将悉敝赋以待于鲦。唯执事命之。文公二年六月壬申，朝于齐。四年二月壬戌，为齐侵蔡，亦获成于楚。居大国之间，而从于强令，岂其罪也？大国若弗图，无所逃命。"

晋巩朔行成于郑，赵穿、公婿池为质焉。

（节选自《左传纪事本末》 卷二十六《晋楚争伯》）

译文

（鲁文公十七年）夏季四月，晋灵公在黄父举行大型军事训练，于是借机又召集各国诸侯在郑国的扈地会合，目的是要与宋国谈和。鲁文公没有来参加，因为发生了齐国侵伐鲁国的灾难。《春秋》写道"诸侯会于扈"，意思是说这次会合没有效果。

当时晋灵公拒绝与郑穆公见面，认为郑国既服从晋国又投靠楚国。郑国大夫子家就派负责联络的官员到晋国送了一封信给赵盾，信中说："我们国君继位才三年，就曾招蔡庄公一同去侍奉贵国。九月，蔡侯到达以后准备出发。但我国发生了侯宣多恃宠专权的事件，因此我国国君不能和蔡侯同往。十一月，大体平定了侯宣多的作乱后，我国国君就紧随蔡侯去朝见襄公。十二年六月，我姬归生陪伴着太子夷，为了向楚国请求他们与陈灵公讲和，特地去朝见了贵国国君。十四年七月，我们国君又来朝见，从而促成了陈国的事情。十五年五月，陈侯从我国出发前往贵国朝见。正月，烛之武陪伴着太子夷去贵国朝见。八月，我国国君又亲自去朝见。按说陈国、蔡国这样和楚国亲近的国家，却对晋国不敢怀有二心，是由于我国的缘故啊！虽然我们这样尽心地侍奉君王，为什么仍然不能免罪？我们国君继位以后，一次朝见襄公，两次朝见君王。太子夷和我国的几位大臣相继到你们绛都朝拜。虽然我们是个小国，但这样尽心尽意地做也没有哪个国家能超过了吧。现在你们作为大国还说：‘你们做得不合我们的心意。’那我们只有灭亡，因为确实已经再也无以复加了。古人说过：‘畏首畏尾，去了两头，身子还能剩下多少？’还说过：‘鹿在生死的关头，就顾不得选择庇荫的地方了。’小国侍奉大国，如能遇恩德相待，他们就是人；如不能被尊重，他们就是处于危机中的鹿。铤而走险，急迫之中还有什么选择？你们的命令，已经超越了极限，我们知道就要亡国了，只能准备悉数动员我军，开赴鲦地迎候你们。现在只有听候您的决定了。文公二年六月壬申，我国也曾朝见齐国。四年二月壬戌，为齐国去攻击蔡国，结果是和楚国讲和。处在大国之间，都要求我们服从强者的命令，难道成了我们的罪过？你们大国如果不考虑这些，那我们就无处逃避性命了。”

赵盾看到信后，派巩朔到郑国和谈，赵穿、公婿池也到郑国做了人质。

评析

子家写信给赵宣子，为郑国鸣冤陈情，但其中“楚”字隐隐约约。召蔡侯而与之侍奉晋君，虽是事实，然蔡侯附楚已久，则郑通楚明矣。陈侯初朝楚，三年后始朝晋，子家将年月缩短，似乎陈侯是因郑国的邀请才来。只写太子、郑君朝晋，其他细节与过程一概省去，使得晋人惝恍迷离，一时难以揭示其不是。最后引古语，自我剖析不得已，但隐隐有楚作为后盾。所谓“铤而走险，急何能择”，是在告诉对方，郑国即使事楚，也是晋国逼迫的。郑国以小国而能挑战大国，关键是郑国可晋可楚。虽然子家说的有些事实隐约难辨，但亦颇有气势。

四、楚归知罃于晋

背景

鲁成公三年（前 597），晋、楚邲之战，晋军大败，知罃被俘。知罃的父亲荀首射死楚国大夫连尹襄老，射伤楚公子谷臣，一并带回晋国，以备日后换取知罃。公元前 588 年，晋国请求用公子谷臣与连尹襄老的尸首交换知罃，当时荀首已任晋国中军佐（晋国三把手，地位仅在国君、中军将之下），所以楚国人答应了。

知罃临行前，楚共王对其句句逼问，知罃都巧妙回答。楚共王因此感叹“晋未可与争”，以隆重的礼仪送知罃归晋。

原文

成公三年夏，晋人归楚公子谷臣与连尹襄老之尸于楚，以求知罃。于是荀首佐中军矣，故楚人许之。

王送知罃，曰：“子其怨我乎？”对曰：“二国治戎，臣不才，不胜其任，以为俘馘。执事不以衅鼓，使归即戮，君之惠也。臣实不才，又谁敢怨？”

王曰：“然则德我乎？”对曰：“二国图其社稷，而求纾其民，各惩其忿，以相宥也。两释累囚，以成其好。二国有好，臣不与及，其谁敢德?”

王曰:“子归,何以报我?”对曰:“臣不任受怨,君亦不任受德。无怨无德,不知所报。”

王曰:“虽然,必告不穀。”对曰:“以君之灵,累臣得归骨于晋,寡君之以为戮,死且不朽。若从君之惠而免之,以赐君之外臣首;首其请于寡君,而以戮于宗,亦死且不朽。若不获命,而使嗣宗职,次及于事,而帅偏师,以修封疆。虽遇执事,其弗敢违,其竭力致死,无有二心,以尽臣礼,所以报也!”

王曰:“晋未可与争。”重为之礼而归之。

(节选自《左传纪事本末》 卷二十九《晋悼公复伯》)

译文

鲁成公三年夏季,晋国人把楚国公子谷臣和连尹襄老的尸首归还给楚国,以此要求交换知罃。当时荀首已任中军佐,所以楚国人答应了。

楚共王为知罃送别,说:“你怨恨我吗?”知罃回答说:“两国兴兵,下臣没有才能,不能胜任自己的任务,所以做了俘虏。君王的左右没有用我的血来祭鼓,而让我回国去接受诛戮,这是君王的恩惠啊。下臣实在没有才能,又敢怨恨谁呢?”

楚共王说:“那么,你感激我吗?”知罃回答说:“两国为自己的国家利益打算,希望让百姓得到安宁,各自抑制自己的愤怒,求得互相原谅。两边都释放俘虏,以结成友好。两国友好,下臣不曾与谋,又敢感激谁呢?”

楚共王说:“你回去后用什么报答我?”知罃回答说:“下臣既没有什么可怨恨的,君王也不值得感恩,没有怨恨,没有恩德,就不知道该报答什么。”

楚共王说:“尽管这样,你一定要告诉我你的想法。”知罃说:“承君王的福佑，被囚的下臣能够带着这把骨头回到晋国，寡君如果加以诛戮，死而不朽。如果由于君王的恩惠而赦免下臣，把下臣赐给您的外臣荀首，荀首向寡君请求，把下臣诛戮在自己的宗庙中，也死而不朽。如果得不到寡君杀我的命令，而让下臣继承宗子的职位，按次序承担晋国的军事，率领偏师（自己军队的谦称）保卫边疆。那么，即使碰到君王的左右，我也不会躲避，竭尽全力以至于死，没有二心，以尽到为臣的职责，这就是用来报答于君王的。”

楚共王说：“晋国是不能和它相争的呀。”于是就对知罃重加礼遇后放他回晋国去。

评析

古人重视保护死尸回归故土安葬，故以连尹襄老之尸易知罃。既然是交换，故无所谓怨，无所谓德，也就无所谓报。楚重公子谷臣，而荀首重其子，楚子归之，双方形势已经决定，楚子求报，隐含冀望攀附荀首交情。知罃乖觉，自知处于万全之地，即作硬语，亦无横祸。所言不仅表达在囚不辱，也表示强晋无畏。词锋之妙，婉中含刚。知罃的对答也表现了他忠君爱国、不卑不亢，精神难能可贵。

五、吕相绝秦

背景

成公十一年，晋、秦为了讲和，在令狐会盟。晋君首先到达令狐，而秦君却突然变卦，背弃盟约。后来秦国又挑唆狄、楚之军伐晋，所以晋厉公派吕相为使者，列举秦之罪状，与之绝交，即有此篇《吕相绝秦》的檄文。

原文

（鲁成公）十三年夏四月戊午，晋侯使吕相绝秦，曰："昔逮我献公及穆公相好，戮力同心，申之以盟誓，重之以昏姻。天祸晋国，文公如齐，惠公如秦。无禄，献公即世。穆公不忘旧德，俾我惠公用能奉祀于晋。又不能成大勋，而为韩之师。亦悔于厥心，用集我文公，是穆之成也。文公躬擐甲胄，跋履山川，逾越险阻，征东之诸侯，虞、夏、商、周之胤而朝诸秦，则亦既报旧德矣。郑人怒君之疆埸，我文公帅诸侯及秦围郑。秦大夫不询于我寡君，擅及郑盟。诸侯疾之，将致命于秦。文公恐惧，绥靖诸侯，秦师克还无害，则是我有大造于西也。无禄，文公即世，穆为不吊，蔑死我君，寡我襄公，迭我殽地，奸绝我好，伐我保城，殄灭我费滑，散离我兄弟，挠乱我同盟，倾覆我国家。

我襄公未忘君之旧勋，而惧社稷之陨，是以有殽之师。犹愿赦罪于穆公，穆公弗听，而即楚谋我。天诱其衷，成王陨命，穆公是以不克逞志于我。穆、襄即世，康、灵即位。康公，我之自出，又欲阙剪我公室，倾覆我社稷，帅我蝥贼，以来荡摇我边疆，我是以有令狐之役。康犹不悛，入我河曲，伐我涑川，俘我王官，剪我羁马，我是以有河曲之战。东道之不通，则是康公绝我好也。

“及君之嗣也，我君景公引领西望曰：‘庶抚我乎！’君亦不惠称盟，利吾有狄难，入我河县，焚我箕、郜，芟夷我农功，虔刘我边垂，我是以有辅氏之聚。君亦悔祸之延，而欲徼福于先君献、穆，使伯车来命我景公曰：‘吾与女同好弃恶，复修旧德，以追念前勋。’言誓未就，景公即世，我寡君是以有令狐之会。君又不祥，背弃盟誓。白狄及君同州，君之仇仇，而我之昏姻也。君来赐命曰：‘吾与女伐狄。’寡君不敢顾昏姻，畏君之威，而受命于吏。君有二心于狄，曰：‘晋将伐女。’狄应且憎，是用告我。楚人恶君之二三其德也，亦来告我曰：‘秦背令狐之盟，而来求盟于我：“昭告昊天上帝、秦三公、楚三王曰：‘余虽与晋出入，余唯利是视。’”不穀恶其无成德，是用宣之，以惩不壹。’诸侯备闻此言，斯是用痛心疾首，昵就寡人。寡人帅以听命，唯好是求。君若惠顾诸侯，矜哀寡人，而赐之盟，则寡人之愿也，其承宁诸侯以退，岂敢徼乱？君若不施大惠，寡人不佞，其不能以诸侯退矣。敢尽布之执事，俾执事实图利之。”

（节选自《左传纪事本末》卷二十八《秦晋交兵》）

译文

（鲁成公）十三年夏季，四月戊午日，晋厉公派吕相去秦国断交，说：“从前我们先君献公与穆公相友好，同心合力，用盟誓来明确两国关系，用婚姻来加深两国关系。后来，上天降祸晋国，文公逃亡齐国，惠公逃亡秦国。不幸，献公去世。穆公仍不忘从前的交情，使我们惠公能回到晋国执政。但没能将这一大功业完成好，于是导致了韩原之战。穆公对俘获惠公一事，心中颇为后悔，因而又促成我国文公回国即位，这都是穆公的功劳。文公亲自披甲戴胄，跋山涉水，经历艰难险阻，征讨东方诸侯国，让虞、夏、商、周的后代都来朝见秦国君王，这样我们也可以算是报答了秦国往日的恩德了。郑国人侵犯君王的边境，我们文公率诸侯和秦国一起去包围郑国。可是秦国大夫不和我们国君商量，擅自同郑国订立盟约。诸侯都很痛恨这件事，都准备与秦国拼死一战。文公担心秦国受损，说服了诸侯，秦国军队才得以安然回国，这就是我们对秦国有大恩大德之处。不幸，文公去世，穆公不肯来吊唁，蔑视我们故去的国君，轻视襄公，侵扰我国殽地，断绝同我国的友好关系，攻打我国边境城堡，灭掉我国的盟友滑国，离间我们兄弟国家之间的关系，扰乱我们的盟邦，妄图颠覆我国。我们襄公没有忘记秦君旧日的恩德，却又害怕国家遭到灭亡，因而才有殽之战。我们仍然希望穆公宽免我们的罪过，但穆公不同意，反而亲近楚国来算计我们。老天有眼，楚成王丧了命，穆公侵犯我晋国的图谋没有得逞。穆公和襄公去世，康公和灵公即位。康公是我们先君献公的外甥，但却想削弱晋国公室，颠覆晋国，率公子雍回国争位，让他扰乱我国的边疆，所以我国才发动了令狐之役。康公还不肯悔改，又入侵我河曲，攻打我涑川，掳掠我王宫，夺走我羁马，所以我国才发动了河曲之战。秦国往东的道路不通畅，就是由于秦康公与我们断绝友好关系而造成的。

“等到君王即位之后，我们景公伸长脖子望着西边说：‘秦国大概会安抚我们吧！’可是君王还是不肯开恩同我国结盟，反而乘我们遇上狄人祸乱之机，入侵我们黄河沿岸的县邑，焚烧我们的萁、郜两地，抢割、毁坏我们的庄稼，屠杀我们的边民，所以我国将兵卒聚于辅氏，以抵御秦军。君王也后悔两国战争蔓延，因而想向先君献公和穆公求福，派遣伯车来我国，命令我们景公说：‘我们和你们相互友好，抛弃怨恨，恢复过去的友谊，以追悼从前先君的功绩。’盟誓还没有完成，景公就去世了，因此我国国君才有与贵国国君在令狐的盟会。可是君王又产生了不善之心，背弃了盟誓。白狄和秦国同处雍州，是君王的仇敌，却是我们的姻亲。君王传来命令说：‘我们和你们一起攻打狄人。’我们国君不敢顾念姻亲之好，畏惧君王的威严，接受了君王使臣攻打狄人的命令。但君王又对狄人表示友好，说：‘晋国将要攻打你们。’狄人表面应和，但心中却憎恨你们的做法，因而将这话告诉了我们。楚国人同样憎恨君王的三心二意，也来告诉我们说：‘秦国背叛了令狐的盟约，却来要求和我们结盟。他们对着皇天上帝、秦国的三位先公和楚国的三位先王宣誓说：“我们虽然和晋国有来往，但我们只关注利益。”我讨厌秦国的反复无常，因而将他的话揭露出来，以惩治他的言行不一。’诸侯们全都听到了这些话，因而对秦国感到痛心疾首，都来亲近我国国君。现在我国国君率领诸侯前来听命，完全是为了请求盟好。如果君王肯开恩顾念诸侯们，哀怜我国国君，赐予我们以盟约，那可真是我国国君的心愿。我们将安抚诸侯并让其退走，哪里敢谋求战乱呢？如果君王不愿意施予恩惠，寡人不才，恐怕无法叫诸侯退兵了。我大胆地将我们的意见全都陈述于君王的办事人员，使他们权衡怎样才对秦国有利。”

评析

文章从秦晋相好说起，历数秦穆、康、桓三王和晋献、惠、文、襄、景五君之事，以及两国由交好到引发争端的种种情况，表明晋国在“殽之师”“令狐之役”“河曲之战”“辅氏之聚”等双方争端中所采取的行动，每次都是因秦而不得已为之。最后切入正题，说明这次“令狐会盟”中秦的失约和不是，但狄、楚都已通报，晋国早有准备，是战是和由秦君定夺。这是一篇完整的外交辞令，结构严整，句法变化错综，行文步步紧逼，不容辩驳，虽然言语中真假掺杂甚至强词夺理，但深意曲笔，文字铮铮，开战国纵横家游说之辞和后世论辩书信的先河。

吕相把秦国的友好行为说成“不忘旧德”“悔于厥心”，可谓深文曲笔，煞费苦心。他对两国历史上的友好关系轻描淡写，但对秦国的“罪咎”却是不吝笔墨。令狐背盟是秦国言而无信、背信弃义、唯利是图的力证，故吕相抓住不放，大做文章。吕相这篇绝交书，上溯源流，下及当世，行文纵横捭阖，笔力阳刚雄健，对后世有很大影响。其后秦作《讥楚文》，即仿效此书。吕相《绝秦书》开战国策士游说之辞的先河，也是后世檄文之祖。

六、叔向、晏婴论季世

背景

齐女少姜嫁给晋平公为妾。一年以后，少姜死，齐国想继续维持这种联姻关系，于是齐景公派晏婴到晋国去说亲，愿另选公族之女嫁给晋平公做妾。晏婴奉齐景公之命出使晋国，就是为了办这件事。

原文

（鲁昭公）三年，齐侯使晏婴请继室于晋。

既成昏，晏子受礼，叔向从之宴，相与语。叔向曰："齐其何如？"晏子曰："此季世也，吾弗知。齐其为陈氏矣。公弃其民，而归于陈氏。齐旧四量：豆、区、釜、钟。四升为豆，各自其四，以登于釜，釜十则钟。陈氏三量，皆登一焉，钟乃大矣。以家量贷，而以公量收之。山木如市，弗加于山；鱼、盐、蜃、蛤，弗加于海。民参其力，二入于公，而衣食其一。公聚朽蠹，而三老冻馁。国之诸市，屦贱踊贵。民人痛疾，而或燠休之。其爱之如父母，而归之如流水。欲无获民，将焉辟之？箕伯、直柄、虞遂、伯戏，其相胡公、大姬，已在齐矣。"

叔向曰："然。虽吾公室，今亦季世也。戎马不驾，卿无军行，公乘无人，卒列无长。庶民罢敝，而宫室滋侈。道殣相望，而女富溢尤。

民闻公命，如逃寇仇。栾、郤、胥、原、狐、续、庆、伯，降在皂隶。政在家门，民无所依。君日不悛，以乐慆忧，公室之卑，其何日之有？谗鼎之铭曰：‘昧旦丕显，后世犹怠。’况日不悛，其能久乎？”晏子曰：“子将若何？”叔向曰：“晋之公族尽矣。肸闻之，公室将卑，其宗族枝叶先落，则公室从之。肸之宗十一族，唯羊舌氏在而已。肸又无子，公室无度，幸而得死，岂其获祀。”

（节选自《左传纪事本末》 卷二十二《陈氏倾齐》）

译文

（鲁昭公）三年，齐侯派晏婴去晋国，请求再送女子做晋侯的继室。

订婚之后，晏子接受了晋国的宴宾之礼。晋国的大夫叔向跟晏婴一起参加宴会，互相交谈起来。叔向问：“齐国怎么样？”晏婴回答说：“这眼下属于末世了，我不知道该怎么说。齐国恐怕要变成陈氏的天下了。国君抛弃他的百姓，使他们归附陈氏。齐国过去有豆、区、釜、钟四种量器。四升为一豆，四豆为一区，四区为一釜，而十釜就是一钟。陈氏的豆、区、釜三种量器，都以五升为一豆，五豆为一区，五区为一釜，于是钟的容量也就相应地增大了。陈氏用私家的大量器借出粮食，而用公家的小量器收回。山上的木材运到市场上去卖，价格不高于山上；鱼、盐、蜃、蛤，价格不高于海边。百姓把他们自己的劳动所得分成三份，两份交给公室，一份用来维持自己的衣食。公室搜刮来的财物多得已腐烂生虫，而老人们却挨饿受冻。都城的各个市场上，鞋价便宜而假腿昂贵。百姓有痛苦疾病，陈氏就去关切、安抚他们。他爱护百姓如同父母，百姓归附陈氏如同流水。想要陈氏不赢得民心，哪里能做到？陈氏的远祖箕伯、直柄、虞遂、伯戏，跟随着胡公和大姬，恐怕已经在齐国接受祭祀了。”

叔向说：“是的。就是我们晋国的公室，现在也到了末世了。兵车没有战马和人驾驭，国卿不率军队，国君的战车左右没有好人才，步兵队伍没有好长官。百姓疲劳困乏，但宫室却非常奢侈。道路上饿死的人随处可见，而宠姬家的财物多得装不下。百姓听到国君的命令，就像逃避仇敌一样。栾叔、郤芮、胥臣、原轸、狐突、续鞫、庆郑、伯宗这八个大家族的后人已经沦为低贱的吏役。政权落在各个大夫手里，百姓无所依从。国君一天比一天不肯悔改，用行乐来掩盖忧愁，公室的式微，还能有几天？谗鼎的铭文说：‘天不亮就起来致力于政绩显赫，子孙后代还是会懒散懈怠。’何况国君一天天不悔改，国家能够长久吗？”晏子问道：“您打算怎么办呢？”叔向说：“晋国的公族全完了。我听说，公室快要式微时，它的宗族就像树的枝叶一样首先落下来，公室跟着就衰亡了。我这一宗有十一族，只有羊舌氏一支还在。我没有儿子，公室没有法度，能够得到善终就是万幸，难道还指望子孙后代来祭祀我吗？”

评析

晏子预感到齐国政权不久将要被陈氏取代，因为齐君弃民而陈氏爱民。齐国公室不断搜刮财富，以致年久腐烂，长出虫子；而百姓则过着饥寒交迫的生活，老年人都在挨冻受饿。齐国国君残暴，以致许多人受刖刑，因此市场上“履贱踊贵”。后面说陈氏的远祖箕伯、直柄、虞遂、伯戏，跟随着胡公和大姬，恐怕已经在齐国接受祭祀了。文章的意思更进了一层，这就是说，从现实世界的情况来看，民众归陈氏已是大势所趋。

叔向，姬姓，羊舌氏，名肸，春秋时期晋国大夫。叔向从四个方面说明晋国已处在末世：一是军备不行；二是贫富悬殊，老百姓痛恨晋君；三是新旧贵族矛盾尖锐，实权已经被新兴的卿大夫控制，老百姓看到形势在变化，感到无所适从；四是晋君却毫不醒悟，“以乐慆忧”，在自取灭亡的道路上越走越远。叔向指出，在宗法社会，大宗、小宗的关系就像树木一样，树叶衰败了，主干也就保不住了。

七、史墨论鲁昭公之死

背景

春秋时，鲁国的国政大权旁落在“三桓”的手中。所谓“三桓”就是鲁桓公的三个儿子庆父、叔牙、季友的后代孟孙氏、叔孙氏、季孙氏。这三家贵族在鲁国世代相传、历任卿相，出现“三分公室”的局面。到了春秋末年，季孙氏家族的势力愈加强大，鲁国的军政大事，皆由季平子专权。

鲁昭公二十五年（前 517），季平子与郈昭伯斗鸡赌博。季平子给鸡穿上皮甲，郈昭伯给鸡安上金属爪子。结果季平子的鸡斗败，季平子大怒，先在郈氏那里扩建自己的住宅，又囚禁了臧昭伯的家臣。因此，郈昭伯和臧昭伯一起要求鲁昭公主持公道。鲁昭公不甘心被架空，也想趁机打击季平子的势力，于是一声令下，郈氏、臧氏两家的军队出兵包围了季平子。季平子看看四周都是军队，已无法逃命，便登台请求说：“君王没有调查臣的罪过，派官吏用武力讨伐臣下，臣请求在沂水岸边等待君王调查臣下的罪过。”昭公不答应。请求囚禁在费地，昭公不答应。请求带着五辆车子逃亡，昭公也不答应。郈昭伯请求一定要杀死季平子。在这种相持的情况下，“三桓”之一的叔孙氏说：“没有了季氏，也就没有了叔孙氏。”于是，叔孙氏和孟孙氏派兵打败了鲁昭公。孟孙氏杀了郈昭伯，鲁昭公逃亡到国外。鲁昭公到处求救，都没有成功，最后被晋国安排在叫乾侯的地方。

原文

(鲁昭公)三十二年春王正月，公在乾侯，言不能外内，又不能用其人也。

十二月，公疾，遍赐大夫，大夫不受。赐子家子双琥、一环、一璧、轻服，受之。大夫皆受其赐。己未，公薨。子家子反赐于府人，曰：“吾不敢逆君命也。”大夫皆反其赐。书曰：“公薨于乾侯。”言失其所也。

赵简子问于史墨曰：“季氏出其君，而民服焉，诸侯与之，君死于外，而莫之或罪也。”对曰：“物生有两、有三、有五、有陪贰，故天有三辰，地有五行，体有左右，各有妃耦。王有公，诸侯有卿，皆有贰也。天生季氏，以贰鲁侯，为日久矣。民之服焉，不亦宜乎？鲁君世从其失，季氏世修其勤，民忘君矣。虽死于外，其谁矜之？社稷无常奉，君臣无常位，自古以然。故《诗》曰：‘高岸为谷，深谷为陵。’三后之姓，于今为庶，王所知也。在《易》卦，雷乘《乾》曰《大壮》䷡，天之道也。昔成季友，桓之季也，文姜之爱子也。始震而卜，卜人谒之，曰：‘生有嘉闻，其名曰友，为公室辅。’及生，如卜人之言，有文在其手曰‘友’，遂以名之。既而有大功于鲁，受费以为上卿。至于文子、武子，世增其业，不废旧绩。鲁文公薨，而东门遂杀适立庶，鲁君于是乎失国，政在季氏，于此君也，四公矣。民不知君，何以得国？是以为君，慎器与名，不可以假人。”

(节选自《左传纪事本末》 卷九《三桓弱公室》)

(鲁昭公)三十二年春季，周王朝历法的正月，鲁昭公在乾侯，这

是说他既不能去国外，也不能去国内，又不能使用他手下的人才。

十二月，鲁昭公生病了，把东西普遍赏赐给大夫们，大夫们不接受。赏赐给子家子一对玉虎、一只玉环、一块玉璧、又轻又好的衣服，子家子接受了。大夫们也都接受了赏赐。十四日，昭公死了，子家子把赏赐给他的东西还给管理府库的人，说："我之所以接受是不敢违背国君的命令。"大夫们也都归还了赏赐的东西。《春秋》记载说"公薨于乾侯"，这是说他死的不是地方。

赵简子问史墨说："季氏赶走他的国君而百姓顺服他，诸侯亲附他，国君死在外边而没有人去惩罚他，这是为什么？"史墨回答说："事物的存在有的成双、有的成三、有的成五、有的有辅佐，所以天有三辰，地有五行，身体有左右，各有配偶。王有公，诸侯有卿，都是有辅助的。上天生了季氏，让他辅佐鲁侯，时间已经很久了。百姓顺服他，不也是很合适吗？鲁国的国君世世代代放纵安逸，季氏世世代代勤勤恳恳，百姓已经忘记他们的国君了。即使死在国外，有谁去怜惜他？社稷没有固定的祭祀人，君臣没有固定不变的地位，自古以来就是这样。所以《诗》说：'高高的堤岸变成深谷，深深的谷地变成山陵。'三王的子孙在今天成了平民，这是主人所知道的。在《易》的卦象上，代表雷的《震》卦在《乾》卦之上，叫作《大壮》，这是上天的常道。以前的成季友，是桓公的小儿子，文姜所宠爱的儿子。刚刚怀孕就占卜，卜人报告说：'生下来就有好名声，他的名字叫友，将是公室的辅佐。'出生后，和卜人所说的一样，在左手掌上有个'友'字，就以此命名。后来在鲁国立下大功，受封在费地做了上卿。一直到文子、武子，世世代代增加家业，不废弃过去的功业。鲁文公去世，东门杀死嫡子，立了庶子，鲁国国君在这时就失掉了国政，政权落到了季氏手中，到这一位国君已经是第四代了。百姓不知道有国君，凭什么得到国政？因此做国君的要谨慎地对待器物和名位，不可以随便拿来借给别人。

评析

鲁昭公有国难回，客居乾侯数年，郁闷而终。这是一个大变革、大动荡的时期。旧的奴隶主贵族在分化、消亡，新的势力在涌现。史墨用季氏久服其民、世修其勤，而鲁侯忘其民众、世从其失的对比中，得出了民众与政治存亡得失之间的密切关系：得民则国存君立，失民则国灭君亡。这是政治思想家们从历代的政治实践中得出的一条政治经验。史墨从三个方面回答了赵鞅的问题：一是“物生有两，各有妃耦”的思想。意思是说事物产生时就由两个方面组成，如王与公、诸侯与卿等。二是“高岸为谷，深谷为陵”的思想。意思是高山变为深谷、深谷变为高山这种情况尚且存在，君臣地位哪有不变的道理。上古三王（指上古三皇）的后代，现在也是庶民。三是“雷乘《乾》曰《大壮》，天之道也”。《大壮》上卦为《震》为雷，卦象为诸侯；《大壮》下卦为《乾》为天，卦象为君。雷乘《乾》，就是代表诸侯坐在君主背上，有君主作依靠，必定壮大。所以说，雷乘《乾》曰《大壮》是天道。史墨强调君主一定要谨守象征权威的器物，诸如礼器和名位。这里是借用一种超越道德的精神去理解政治权威的合法基础。史墨利用鲁昭公的过失来突出季氏的功绩，也说明统治权的变化不可避免，尊卑颠倒乃是“天之道也”。赵鞅深得其中的道理，最终也同鲁国“三桓”一样，顺“雷乘《乾》必大壮”的天道，实力逐渐强大。他的儿子赵无恤参与三家分晋，建立了赵国，成为战国七雄之一。

附：晋侯梦大厉

背景

晋景公在位时，晋楚争霸，邲之战的失利让晋国向东扩张的步伐逐步放缓。但是在对齐国的鞌之战中，晋国取得了胜利，并消灭了赤狄，稳固了自己的地位。鲁成公八年（前583），晋景公杀死了赵同、赵括，酿成了“赵氏孤儿”的惨剧。但晋景公在强力铲除赵氏公卿时，没有引发剧烈的政权动荡，核心团队保持稳定，国家运作始终有序可控。晋景公的苦心经营在他的儿子晋厉公那里得到回报，厉公对楚的鄢陵之战和对秦的大获全胜都从侧面证明晋景公打下的基础发挥了实际作用。

原文

（鲁成公十年）晋侯梦大厉，被发及地，搏膺而踊，曰：“杀余孙，不义。余得请于帝矣！”坏大门及寝门而入。公惧，入于室。又坏户。公觉，召桑田巫。巫言如梦。公曰：“何如？”曰：“不食新矣。”

公疾病，求医于秦。秦伯使医缓为之。未至，公梦疾为二竖子，曰：“彼，良医也。惧伤我，焉逃之？”其一曰：“居肓之上，膏之下，若我何？”医至，曰：“疾不可为也。在肓之上，膏之下，攻之不可，达之不及，药不至焉，不可为也。”公曰：“良医也。”厚为之礼而归之。

六月丙午，晋侯欲麦，使甸人献麦，馈人为之。召桑田巫，示而杀之。将食，张，如厕，陷而卒。小臣有晨梦负公以登天，及日中，负晋侯出诸厕，遂以为殉。

（鲁成公十年）晋景公梦见一个厉鬼，披的长发拖到地上，捶胸跳跃，说："你杀了我的子孙，这是不义。我为子孙复仇的请求已经得到天帝的允许了！"厉鬼毁掉宫门、寝门，走了进来。晋景公很害怕，躲进内室，厉鬼又毁掉了内室的门。晋景公醒来，召见桑田的巫人。巫人叙述的情况和晋景公的梦境一样。晋景公问："怎么样？"巫人说："君王吃不到新收的麦子了！"

晋景公病重，向秦国请求良医。秦桓公派医缓去晋国为他诊治。医缓还没有到达，晋景公又梦见疾病变成两个小孩，一个说："他是个良医，恐怕会伤害我们，往哪儿逃好？"另一个说："我们待在肓的上边，膏的下边，他能拿我们怎么办？"医缓来了，说："病已不能治了，在肓的上边，膏的下边，灸不能用，针够不着，药力也达不到，不能治了。"晋景公说："真是好医生啊。"于是赠送给他丰厚的礼物让他回去。六月初六日，晋景公想吃新麦子，让管理田地的人献麦，厨师烹煮。做好后，景公召见桑田巫人来，把煮好的新麦给他看，然后杀了他。景公将要进食，突然肚子发胀，于是去上厕所，跌进厕坑里死了。有一个宦官早晨梦见背着晋景公登天，到了中午，果然被派把晋景公从厕坑里背出来，于是就用他来殉葬。

故事以梦境和预言贯穿全篇，环环相扣，情节设置极为巧妙，堪称

“神剧情”：连续的梦境和预言似乎预示着晋侯必死，接连两个出人意料的反转，晋侯终究还是死了，但死得如此离奇、曲折。结尾宦官的梦也颇有意味，不仅使故事更完整、更具神秘的“宿命论”色彩，而且揭露了统治阶层（不仅是晋侯本人）的残暴本性。杀本国大夫或是因权力斗争，杀桑田巫或是因他妄言君上命运，而一个背君王尸首的宦官也逃不脱殉葬的命运，实在令人感慨。尽管今天看来荒诞不经，但是却真实地反映了当时社会的状况；同时，也正是因为有了这样的想象与夸饰，才使得《左传》具有极强的、后世史书难以比拟的文学色彩。

结语

《左传》对后世的启示

由于《春秋》学自身政治哲学的性质，故而《春秋》三传的地位，随政治需求而升降。汉武帝时，国家大一统要求思想的大一统，董仲舒带着《公羊》家的“《春秋》”登上了时代舞台。汉宣帝时期，《穀梁传》也因西汉后期改革而大为兴盛。王莽新朝时期，在西汉遭受重大挫折的刘歆《左传》学借王莽改革致力恢复周礼的东风，得以成为这一时期的官方指导思想。贾逵、服虔等人用自己的《左传》注解突显古文经学的优势，在现实政治和哲学思想之间寻求一个平衡点，让《左传》学为当权者所接受。杜预谓先儒“大体转相祖述，进不成为错综经文以尽其变，退不守丘明之传，于丘明之传有所不通，皆没而不说。而更肤引《公羊》《穀梁》，适足自乱”[①]。他试图建立《左传》之例，归纳《凡例》，撰写《释例》，结果遭到了清代学者的攻击。清人以为两汉《左传》学者总是强调治经家法与师法，将两汉以降的经说沦没，归罪于杜注或孔疏。其实后人的“杜注补正”无法逾越杜预所集解的经传。事实恰如皮锡瑞《经学通论》中“杜预《释例》亦有功于左氏”所论：

左氏之例，始于郑兴、贾徽，其子郑众、贾逵，各传家学，亦有条例，颍容已有释例。在杜预之前，左氏传本无日月例，孔疏曰，春秋诸事皆不以日月为例，例其以日月为义例者，唯卿卒日食二事而已。……锡瑞案：二条为后人附益，固无可疑，即五十凡，亦未知出自何人，然郑、贾、颍已言例在前，则非杜预所创，特不

① 程元敏：《春秋左氏经传集解序疏证》，台湾学生书局，1991年版，第56页。

当以旧例为周公所定耳。[①]

《左传》学的发展有一个历史过程，同时与当时社会政治密切相关。可以说，《左传》学从一开始就是与今文经学紧密相连的。刘歆的老师尹咸、翟方进，刘歆的父亲刘向都是兼治《穀梁》和《左传》的。到了东汉，这一情况同样普遍，郑兴兼善《公羊》和《左传》，贾逵致力古文经学的同时"兼通五家《穀梁》之说"[②]。因此，这些因素不能不导致他们注解《左传》时，在保留古文经学自身特点的基础上，对今文经学进行借鉴和吸收。贾逵在向汉章帝阐发《左传》大义时提到，"其余同《公羊》者什有七八，或文简小异，无害大体"[③]。这既是事实，也是一种策略，他先融合《公羊》，然后再突出《左传》，成功地推进了《左传》学的研究，同时也使今文与古文从对立走向融合。

正如《四库》馆臣所说："说经家之有门户，自《春秋》三传始。"有关《左传》的经史之争，也涉及《春秋》的定位问题，《春秋》大义究竟存不存在？如果《春秋》仅仅是鲁国的历史记载，那么《左传》以其丰富详细的内容对《春秋》语焉不详的史实进行了补充，其价值不可替代。但如果像经学家所强调的那样，《春秋》是孔子依据鲁史修成的，是孔子的政治哲学，其中微言大义必须要揭示，那么《公羊》《穀梁》的价值就超过《左传》。皮锡瑞在《经学通论》中肯定了《左氏》学者参考古义、纵览事实，但是对于《春秋》之微言大义无甚发明。刘师培在杜预之后欲为《左传》重建一套义例，认为周公的制礼作乐固为周初之盛事，然而制度之施行，有因时、地、事而损益的情况。

---

① 皮锡瑞：《经学通论》，中华书局，1954年版，第53页。
② ［南朝宋］范晔撰、［唐］李贤等注：《后汉书》，中华书局，1965年版，第1235页。
③ ［南朝宋］范晔撰、［唐］李贤等注：《后汉书》，中华书局，1965年版，第1236页。

《左传》集中反映了春秋时期诸侯争霸与秩序重建的社会状况。周天子乾纲失纽，诸侯争霸。齐桓公在管仲的辅佐下，九合诸侯，尊王攘夷，维护了中原各国的利益，赢得了诸侯们的亲附。之后，晋国公子重耳出亡多年，归国后不计前嫌，重用贤才，抵制北上的楚军，为晋国长期称霸奠定了基础。无论是谁称霸，不仅要有绝对的武力，也要有深得人心的理念。《左传》具有浓厚的儒家观念，不仅强调尊尊亲亲，还有以民为本、爱国爱民等思想。春秋时期诸侯之间依据宗法制度的嫡庶、长幼、亲疏关系，确立了贵族的贵贱、大小、上下等级，并以此确立了伦理规则和行为准则。《左传》被称为“相斫书”，这客观反映了当时战争频仍的历史现实。但战争也是智慧与能力集中的体现，《左传》描写战争重在战前规划，于战争场面则略，影响了后世文学的谋略描写。齐晋鞌之战，秦晋殽之战，晋楚城濮之战、泌之战、鄢陵之战，不仅有背景分析、计谋展示，也有瞬间万变的机缘巧合。《左传》多记录梦、占、预言与灾异现象，一方面为后世科学研究提供了原始资料，另一方面也为后世方术与民俗研究提供了案例，对于了解当时人的生活与思想有一定参考价值。

民国以降，经学日渐式微，西方现代学科的引入，将经学裂变为史料，成为古代文字、音韵、训诂以及历史、文学研究的材料。改革开放以来，尤其是20世纪90年代以来，随着国力增强，人们对传统文化的自信心不断增强，开始重新检视经典的内容，研判经典的现代意义，力求弘扬民族文化，因此各种经典文献的整理和研究工作已经取得丰硕的成果。《左传》作为大经，不仅历史内容丰富，而且义理影响深远，对于维系中华民族认同具有重要意义。我们可以把经学当作语言学、历史学的材料，但更重要的是对经学精神的追求，以及对“义”的赞扬。《左传》对于华夷之辨的陈述，既可见当时的文化优势心态，也可见其凝聚力，对于后世中华民族形成功不可没。另外，也可以借鉴经学本身的体例，如记叙手法等。《春秋》笔法固然费人猜疑，但属辞比事却可启发我们挖掘文字背后的隐喻。科技固然日新月异，传统文化对于现实社会依然实用，我们或可尝试用儒家文化来思考当今人类社会面临的普遍问题。

图书在版编目（CIP）数据

《左传》导读 / 郭院林著. 一上海：东方出版中心, 2021.6

ISBN 978-7-5473-1845-4

Ⅰ. ①左… Ⅱ. ①郭… Ⅲ. ①中国历史－春秋时代－编年体 Ⅳ. ①K225.04

中国版本图书馆CIP数据核字（2021）第109774号

《左传》导读

著　　者　郭院林
责任编辑　王　婷
装帧设计　钟　颖

出版发行　东方出版中心
地　　址　上海市仙霞路345号
邮政编码　200336
电　　话　021-62417400
印 刷 者　昆山市亭林印刷有限责任公司

开　　本　700mm × 1000mm　1/16
印　　张　16
字　　数　164千字
版　　次　2021年8月第1版
印　　次　2021年8月第1次印刷
定　　价　60.00元